Werner Ablass


IMMER ZUHAUSE

# IMMER ZUHAUSE

Über die ebenso faszinierende wie
desillusionierende Entdeckung unserer
rein hypothetischen Existenz

1. Auflage Dezember 2017

Lektorat: Petra Isabell Hahn, 31137 Hildesheim
http://www.petra-isabell-hahn.de

Umschlaggestaltung: Creativ Season, Inh. Eva-Maria Kettner
www.creativ-season.de

Formatierung, Endfertigung: Albert Eisenring, Suisse

ISBN: 9783746035932

Herstellung und Verlag: BoD - Books on Demand, Norderstedt

coach@wernerablass.de

www.wernerablass.de

# Inhalt

# Vorwort

Über 40 Jahre ging ich die verschiedensten Wege zur Sinn- und Selbstfindung und verlief mich in ebenso viele Sackgassen. Die Suche nach Wahrheit hatte mich am Schlafittchen und ließ niemals locker. Obgleich ich sie öfter als einmal loszuwerden, an den Nagel zu hängen versuchte. Keine Chance! Mannigfache Pfade beschritt ich: religiöse, esoterische, philosophische, spirituelle, materielle. Bis mich die absolute Wahrheit fand. Das ist kein Verschreiber. Sie fand mich, nicht etwa ich sie.

Advaita, Dao, Zen – das sind die drei klassischen Lehren, die wie sonst keine auf absolute Wahrheit verweisen. Die ewige Essenz allen Seins. Es ist jedoch nicht damit getan, sie zu studieren oder für wahr zu halten. Die Lehre muss dich erfassen, durchdringen, durchsättigen. Letztendlich vernichten! Sonst geht die Suche stets weiter.

Nachdem meine Suche im Juli 2004 beendet war, wurde ich nach und nach unfähig, meinen Job als erfolgreicher Managementtrainer weiter auszuüben. Ich musste über das schreiben und sprechen, was sich mir eröffnet hatte. Das geht nun schon so über 12 Jahre. Und ich vermute mal, dass es nicht aufhören wird. Weder in diesem noch im nächsten oder übernächsten Leben. ☺

Bisher schrieben sich 20 Bücher mit mir als Instrument dessen, was ich am liebsten als Quelle bezeichne. In meinem letzten Werk „Das Schicksal ist alles" begann jedes Kapitel mit einem Zitat meines spirituellen Meisters Ramesh Balsekar. Im nun vorliegenden wird jedes Kapitel mit einem Zitat des taoistischen Meisters Terence Gray beginnen, in der spirituellen Szene besser bekannt unter seinem Pseudonym Wei Wu Wei.

Unter diesem Pseudonym erschienen 8 Bücher, von denen das Buch mit dem Titel „Das Offenbare Geheimnis" das wohl bekannteste und außer einem weiteren schmalen Werk mit dem Titel „Die Einfache

Erkenntnis" meines Wissens auch das einzige ist, das auf Deutsch übersetzt ist. Doch selbst das bekannteste rangiert unter ferner liefen. Bei Amazon kann man es nur noch gebraucht kaufen[1]. Ein Zeichen dafür, dass nur wenige Menschen von der Suche nach der absoluten Wahrheit erfasst werden. Das ist weder Wertung noch Vorwurf, sondern schlicht Fakt!

Dabei ist es eins der besten Werke, die auf absolute Wahrheit verweisen. Außer Hubert Benoit[2], der allerdings das Zen-Konzept und Ramesh Balsekar, der vor allem das Advaita-Konzept nutzte, kenne zumindest ich keinen Autor, der präziser und penetranter auf die Wahrheit respektive die Wirklichkeit verweist.

Folgendes ist bei Wikipedia über Terence Gray zu lesen:

> In den 1920er und 1930er Jahren arbeitete Gray als Theoretiker, Theaterproduzent, Schöpfer radikaler "Tanz-Dramen", Verleger mehrerer verwandter Zeitschriften und Autor zweier verwandter Bücher. Sein Cousin war Ninette de Valois, Gründer des Königlichen Balletts.

Im Jahr 1926 eröffnete Gray ohne vorherige praktische Theatererfahrung das Cambridge Festival Theatre als experimentelles Spielhaus. Er erwarb das alte Theatre Royal Barnwell und baute es wieder auf. Die Eröffnungsproduktion war Aeschylus The Orestia mit Valois als Choreograph, und er fuhr fort, nicht-naturalistische Produktionen zu produzieren und betonte Bewegung über Sprache.

Kritiker waren geteilter Meinung, einige lobten seine Leistungen, und andere sagten, er opfere Text zugunsten kluger Tricks. Gray hatte seine Freude daran, das Publikum aufzubringen, doch trotz aller Kontroverse füllte das Publikum das Theater. Viele von Grays Mitarbeitern verließen

---

[1]    Zum Zeitpunkt des Erscheinens dieses Buches

[2]    Auch Benoit ist mit seinem Werk „Die Hohe Lehre" auf Amazon gegenwärtig nur noch gebraucht käuflich zu erwerben.

das Projekt aufgrund seiner Unfähigkeit zu Kompromissen. 1933 hatte er das Theater für immer aufgegeben.

Nachdem sich sein Interesse am Theater erschöpft hatte, wandte er sich der Philosophie und Metaphysik zu. Eine Reise führte ihn durch ganz Asien, wobei er auch Zeit in Sri Ramana Maharshis Ashram in Tiruvannamalai, Indien verbrachte. Zwischen den Jahren 1958 und 1974 erschienen acht Bücher und Artikel in verschiedenen Zeitschriften unter dem Pseudonym "Wei Wu Wei". In den 16 Jahren darauf erschienen sieben nachfolgende Bücher, darunter auch seine letzte Arbeit unter dem weiteren Pseudonym "O.O.O." im Jahr 1974. Wei Wu Wei beeinflusste unter anderem den britischen Mathematiker und Autor G. Spencer-Brown, Galen Sharp und Ramesh Balsekar.[3] <

Zum Ende seines Wirkens als Theaterproduzent wurde ihm erlaubt, die Welt als Theaterbühne zu durchschauen. Wobei er wie kaum ein anderer bemerkte, dass sich die Regieführung des Dramas oder der Komödie jenseits des Objektivierbaren befindet und sich somit der sinnlichen Wahrnehmung entzieht.

Eine weitere, eher nebensächliche Intention dieses Werks ist, die akademische und in manchen Passagen kompliziert anmutende Sprache dieses hervorragenden, jedoch wenig bekannten Autors, der übrigens niemals öffentlich auftrat, soweit wie irgend möglich modern, volkstümlich, vor allem aber allgemein verständlich zum Ausdruck zu bringen.

Zum besseren Verständnis seiner Begriffsverwendung:

**Noumenon** steht bei Terence Gray für das Unnennbare, Absolute, Allumfassende.

**Phänomenon** steht für alles Erscheinende, Manifestierte.

**Subjektiv** hat nicht die gebräuchliche Bedeutung, sondern verweist immer auf das Subjekt, also unsere wahre Natur jenseits alles

---

[3]     Wikipedia, unter „Wei Wu Wei", aus dem Englischen übersetzt

Objektivierbaren.

**Objektiv** bedeutet nicht sachlich und frei von eigener Meinung, sondern objekt-bezogen und damit eingebildet und illusionär. Ein Objekt hat keine eigene Natur, sondern ist Subjekt in seiner Objektivierung.

Weil das Wort „Gott" in unserem christlich konditionierten Gehirn mit einem persönlichen Gott assoziiert wird, welcher Makulatur ist, hänge ich ein „t" an, um diese Assoziation möglichst zu vermeiden. Wenn du also das Wort „Gottt" liest, handelt es sich nicht um einen Rechtschreibfehler.

Ich empfehle die Kapitel in der gesetzten Reihenfolge zu lesen, weil sie größtenteils aufeinander aufbauen.

# Einleitende Worte

*Nur ICH kann wahrnehmen. Was sonst könnte da sein, was wahrnimmt, was wahrnehmen könnte? Und was immer ICH wahrnehme, muss mein Objekt sein. Mein Objekt ist eine Objektivierung dessen, was ICH bin...*

*Deshalb ist jedes Objekt ICH-SELBST. Es kann kein Ding geben, das nicht ICH-SELBST bin.*

*Ich bin kein Ding, außer meinen Objekten, und meine Objekte sind nichts als ICH-SELBST...*

*Jedes Lebewesen kann das so sagen.*

*Sogar indem es mit dem Schwanz wedelt...*

*Terence James Stannus Gray. Pseudonym: Wei Wu Wei, Das Offenbare Geheimnis, S. 251, (Lüchow, 1998)*

Katapultieren dich diese Worte etwa nicht in den freien Raum? Der du in Wahrheit bist! Wobei „freier Raum" nichts anderes als das meint, was Terence Gray ICH-SELBST nennt.

ICH-SELBST hat nichts zu tun mit dem Ich. Dem illusionären Ich, meinem Ich natürlich. Dem Ich, das es nur in der Vorstellung, nicht in Wirklichkeit gibt. Manche sogenannten spirituellen Lehrer nennen's auch „kleines Ich". Aber diese Bezeichnung setzt voraus, dass es ein großes Ich gibt. Und diese Sicht der Dinge führt automatisch zu der Frage: Befinde ich mich (noch) im kleinen oder (schon) im großen Ich? Und wenn du feststellen solltest, dass du (noch) im kleinen Ich rumwurschtelst, besuchst du Seminare, die dich vom kleinen ins große Ich befördern (sollen).

Was dabei rauskommt, ist vor allem eins: Weniger Geld als zuvor im Portemonnaie! Ich kenne eine Person, die mit solch einem Kokolores

20.000 Euro verbraten hat. Und sich eine Neurose[4] einhandelte. Mit dem Geld hätte sie sich einen nigelnagelneuen Mercedes der A-Klasse PEAK-Edition (mit besonders attraktiver Sonderausstattung) kaufen können! Und die Neurose hätte sie sich erspart.

Was passiert während meiner Events und Sessions? Wobei du womöglich nur eines buchen musst, um zumindest intellektuell zu verstehen, was du und weshalb du überhaupt suchst. Außer du liebst sie so, dass du sie trotz der Klarheit, ICH-SELBST zu sein, noch besuchst. Es gibt einige, die sich dieses Vergnügen ab und zu gönnen. Und einige wenige Gourmets lassen sich sogar keinen Event entgehen.

Ich mach letztlich nix anderes als auf das zu verweisen, was du bist, immer warst, immer sein wirst. Ob's dir bewusst ist oder nicht – du bist IMMER ZUHAUSE! ICH-SELBST ist jeder von uns. Intrinsisch betrachtet. Sogar mein Hund. Deiner freilich auch, es sei denn, du hast keinen.

*Mein Objekt ist eine Objektivierung dessen, was ich bin...*

Mama Mia! Wer hätte gedacht, dass es so einfach ist. So unendlich einfach! Dieser Satz ist wie ein Schleudersitz, der dich aus der winzig kleinen GeistKörperKabine deiner Cessna-Erlebniswelt in die Unendlichkeit zu schleudern vermag. Die Unendlichkeit, die du bist, immer warst, immer sein wirst!

Darf ich dir ein kleines Geheimnis verraten? Nur nebenbei....

Manchmal befinde ich mich virtuell schon in meiner nächsten Inkarnation. Es ist ja nicht so, dass ich sie erst erfinden müsste. Sie wartet nur darauf „aktualisiert" zu werden. Es ist wie der Umstieg am Bahnhof. Von Lauffen/Neckar fahr ich mit der Regionalbahn nach Stuttgart. Da steig ich dann in den ICE nach Hamburg. Beide Fahrten sind schon bezahlt. Beide Fahrten sind sogar schon passiert. Und ab und zu erhasche ich in der Regionalbahn schon eine Szene der Reise

---

[4]    Psychische Störung, die meistens durch ein schlimmes Erlebnis hervorgerufen ist, das der Betroffene noch nicht richtig verarbeitet hat.

nach dem Umstieg in den ICE. Ein Rückblick, den man Rückführung nennt, interessiert mich nicht. Ist ja schon gelaufen. Was soll ich mit Erinnerungen anfangen? Aber was in der nächsten passiert, das interessiert mich schon ab und an... Obgleich die von der übernächsten Fahrt her betrachtet auch schon gelaufen bzw. (ab)gefahren ist.... Alle Fahrten sind schon gelaufen. Da du aber das bist, was unendlich ist, hören sie niemals auf, die bereits (ab)gefahrenen und noch zu fahrenden Reisen von Nichts zu Nichts....

Wer fährt heute? Wer morgen? ICH-SELBST. Wer sonst sollte fahren?

Es gibt immer nur EINEN, der die Reise antritt und sie auch beendet. Bingo, jetzt hast du's gecheckt: ICH-SELBST bin's. Denn außer MIR ist ja keiner. Wirklich. Schau dich nur um! Alles, was du erblicken wirst, sind Objekte. Deine Objekte.

*Ich bin kein Ding, außer meinen Objekten, und meine Objekte sind nichts als ICH-SELBST...*

Oho, also „deine" Objekte! Die du hervorgebracht hast. Obgleich du nicht weißt, wie du's hingekriegt hast. Du staunst über deine enormen (unbewussten) Fertigkeiten? Aber wer sonst außer dir sollte sie denn erfunden haben? Es gib ja nur DICH. Dich als ICH-SELBST.

Hast du deinen Bodymind schon mal aus dieser Perspektive betrachtet? Denn er ist dir doch scheinbar am nächsten, nicht wahr? Scheinst sogar drin zu stecken? Fest gemauert in der Erden steht die Form aus Lehm gebrannt...

Nr. 1 Objekt sozusagen: dein Bodymind! Was oder wen du Nr. 2 nennen willst, weiß ich natürlich nicht. Vielleicht deinen Partner, deine Tochter, deinen Sohn, deine Mutter, deinen Papa. Oder deinen Chef. Immerhin verschafft er dir „dein tägliches Brot gib uns heute". Oder dein iPhone, das du sogar auf der Toilette dabeihast. Das dir insofern näher ist als dein Partner. Denn den hast du nicht immer dabei. Über den kannst du auch nicht drüberwischen und Informationen abrufen.

Manche kriegen sogar von ihrem Partner eine gewischt. Jedoch, selbst wenn das so wäre, wäre er DEIN Objekt. Zumindest bis jetzt. Denn wie jeder weiß, sind Objekte austauschbar…

In einer stillen Minute kannst du ja mal drüber nachdenken, wie viele Objekte auf deiner bisherigen Reise schon „ausgetauscht" wurden! Bei mir ist es meine gesamte Verwandtschaft. Das erleben die wenigsten, oder? Wirklich! Ich habe zu keinem meiner Verwandten noch Kontakt. Alle weg. Entweder gestorben oder anderweitig meinem Erlebniskosmos entschwunden. Mir ist manchmal, als wären mindestens 3 Inkarnationen in eine gepackt. Soviel Objekt-Austausch fand in meinem Erlebniskosmos bereits statt. ☺

Merkst du, aus welcher Perspektive ich schreibe? Die hat überhaupt nichts zu tun mit dem Bullshit, der dir in den pseudospirituellen Erklärungen der Eso-Szene und manchmal auch der Satsang-Szene präsentiert wird! Kleines und großes Ich! Die Seele inkarniert. Du musst dich entwickeln, um spirituelle Meisterschaft zu erlangen. Du musst erwachen oder noch besser erleuchtet werden! Denn Erleuchtung ist natürlich noch mal 'ne ganz andere Nummer als das bloße Erwachen… ☺

Mensch ist eins unter vielen Objekten! Und Objekte ham es so an sich, sich zu entwickeln. So wie sich Rosen aus Rosensamen entwickeln. Was tun sie dazu, die Rosensamen, mein ich? Oder die Elefanten? Oder die Eintagsfliegen, die sich, wie ich gestern in einem Dokumentarfilm sah, 3 Jahre lang im Wasser, bevorzugt in Stillgewässern, entwickeln, um dann schon nach einem einzigen Tag das Zeitliche zu segnen. Und was meinst du wohl, was sie an diesem einen Tag tun? Bingo, du hast es erfasst: Ficken, Ficken, Ficken! Für was anderes bleibt gar keine Zeit! Lustgewinn in ihrer Wahrnehmung, Reproduktion aus Sicht der unpersönlichen Natur. Was für ein „geiles" Leben. Im wahrsten Sinne des Wortes. ☺

Wer ist auf der Reise? Vordergründig freilich mensch. Oder die Eintagsfliege. In Wahrheit ICH-SELBST. Mit jedem Vehikel, das man eben auch Objekt oder Ding nennen kann. Mit all dem objektiviere ich mich selbst. *Mein Objekt ist eine Objektivierung dessen, was ich bin...*

Und aus diesem Grund muss ICH-mich nicht darum kümmern, wann ich (als Objekt) wie und wo und ob ich überhaupt ankomme.

---

Denn ICH-SELBST komme von nirgendwoher und reise nirgendwohin.
ICH SELBST BIN IMMER ZUHAUSE.

---

Dies klar zu erkennen, noch besser zu „sehen", was sag ich: Von dieser Klarheit buchstäblich vereinnahmt zu werden, so dass du auch im Bewusstsein nie mehr anderswo sein kannst als da, wo du bist, immer warst und auch immer sein wirst, nämlich zuhause, darum geht's in dem Buch, das du gerade zu lesen begonnen hast...

Home, sweet home – selbst in der Walachei oder in Nowosibirsk....

# Teil I

„Gott oder Erleuchtung ist das ultimative Vergnügen,
ununterbrochenes Glück! **So etwas gibt es nicht!** Euer Streben nach
etwas, was es nicht gibt, ist die Wurzel eurer Probleme,
Transformation, Moksha, Befreiung und all das sind nur Varianten
desselben Themas: andauerndes Glück.
Der Körper kann unterbrochenes Glück nicht lange aushalten; es
würde ihn zerstören.
Dem Körper einen erfundenen andauernden Glückszustand
aufzwingen zu wollen
ist ein ernsthaftes neurologisches Problem.

UG Krishnamurti

## Das Offenbare Geheimnis

*Diejenigen, die zu denken scheinen, dass sie selbständig denken und handeln, werden ganz und gar geträumt; sie werden so vollständig und absolut gesteuert, wie Marionetten von ihrem Spieler gespielt werden...*

*Sie sind, was immer ihr Träumer ist, was immer dies-was-sie-träumt ist. In Wirklichkeit ist alles in diesem Traum derjenige, der ihn träumt.*

*Wie wir gesehen haben, ist der subjektive Aspekt des Bewusstseins (denn Objekt ist Subjekt) das Subjekt, das ihm Form verleiht und ihm innewohnt. Deshalb ist dieses „Etwas", das sie sind, alles...*

*Alles ist nichts, nichts ist alles....: denn für beide gilt, dass sie weder sind noch nicht sind...*

*Das Offenbare Geheimnis, S. 44-45*

Eine Reihe so-called Erleuchteter, die ich auf Wei Wu Wei ansprach, kennen seine Bücher oder zumindest eines von ihnen, die meisten kamen jedoch nicht mit ihm zurecht. Zu kompliziert, sagen nicht wenige. Und: Kann man viel einfacher formulieren.

Oh ja, kann man sicher. In vielen Fällen jedoch fehlt dann die Tiefe der Einsicht. Ich kann verstehen, weshalb mein Meister Ramesh Balsekar die Schriften Wei Wu Weis so sehr liebte. Ebenso verstehen kann ich, weshalb die Werke Wei Wu Weis dermaßen unbekannt blieben.

Der Titel ist bezeichnend: Das **Offenbare** Geheimnis! Es ist zwar offenbar, ja, aber dennoch ein (großes) Geheimnis. Das größte überhaupt, meine ich. Wem es jedoch nicht „offenbar" wird, wird nichts oder zumindest nicht viel mit seinen Worten anfangen können.

Natürlich ist der Gedanke töricht, der sich in mir ab und zu denkt: *Wäre ich als junger Mann in Kontakt mit dem offenbaren Geheimnis gekommen, wäre mir die gesamte nutzlose Suche erspart geblieben.* Theoretisch betrachtet stimmt das natürlich, praktisch jedoch war es unmöglich. Denn der Traum träumt sich genauso, wie er sich träumt. Oft sag ich während einer Session: Wird erkannt, dass alles ein Traum ist, den keiner träumt, endet die Suche! Sofort! Und unwiderruflich!

Gut gebrüllt, Löwe! Das stimmt! Wer aber erkennt das außer der Träumer? Wer sonst sollte und könnte es erkennen? Etwa die Traumgestalt?

Das Leben als Traum zu erkennen, geht meistens nur in der Rückschau. Warum? Meine Erklärung dafür ist, dass Leben zu erleben unmöglich wäre, wenn das, was *jeweils gerade* passiert, andauernd als Traum realisiert werden „müsste". Wir wären dann im wahrsten Sinne des Wortes Traumtänzer. So käme man nicht gut durchs Leben. Die Psychiatrische wäre in so einem Fall wahrscheinlich der beste Aufenthaltsort! Durchgeknallt würde man uns dann wohl nennen!

Und es ist gänzlich unmöglich fürs alltägliche Leben, dass die Masse der Menschheit davon erfährt, dass sie nur geträumt wird. Im besten Fall geht's darum, im Hier und Jetzt zu leben. *Jetzt. Die Kraft der Gegenwart.* Das Buch „dürfen" sie lesen, die meisten spirituell Interessierten. Deshalb wurde es ja in einem der beliebtesten Formate im amerikanischen Fernsehen präsentiert. In der Oprah Winfrey Show, der wöchentlich 21 Millionen Amerikaner zusehen. Anschließend ging's steil aufwärts mit der Auflage.

Vom offenbaren Geheimnis steht kein einziges Wort in dem spirituellen Bestseller, der in 33 Sprachen übersetzt wurde. Vom Formlosen ist da die Rede im Gegensatz zur Ebene des Manifesten, von der Unbewusstheit, dem verstandesdominierten Zustand des Geistes, dem Ego natürlich, und dem Schmerzkörper sowie dessen Auflösung, wenn der Mensch seine Identifikation mit demselben durchbricht.

Worte wie die im Eingangszitat dieses Kapitels wirst du in dieser Deutlichkeit nicht finden. Ich kritisiere das nicht! Denn genauso wird Tolle geträumt! Um jene zufriedenzustellen, die sich mit phänomenaler

Erleuchtung zufriedengeben! Tolle hat genau den richtigen Namen: Er ist einfach nur toll! „Phänomenal" könnte man ebenso sagen!

Auf dieser Welle schwimmen die meisten mir bekannten spirituellen Lehrer. Bis dahin gehen sie. Aber keinen Schritt weiter. Kommst du ihnen mit dem offenbaren Geheimnis, wie es Wei Wu Wei so trefflich formuliert, reagieren sie meist wie oben beschrieben: zu kompliziert. Kann man einfacher formulieren!

Könnte es nicht sein, dass du etwas ganz anderes meinst? Vielleicht: zu „radikal". Kann man einfacher „haben". Was man Erwachen nennt. Oder Erleuchtung.

*Mit 7 Schritten kannst du aufwachen und bist angekommen,* behauptet ein spiritueller Lehrer aus der Psychotherapeutenecke! Ich frag mich nur, „wo" angekommen? Etwa in der Klarheit und Gewissheit, ein geträumtes Element in einem lediglich hypothetisch vorhandenen Universum zu sein?

Versteh mich bitte nicht falsch! Ich mache weder Eckart Tolle noch den Fans phänomenaler Erleuchtung einen Vorwurf! Wie könnte ich, sie werden schließlich geträumt! Wir alle werden geträumt! Selbst das Universum ist ein geträumtes! Nichts ist real. Nichts ist so, wie es zu sein scheint! Daher lieben meinen Dienst in der Regel jene Geträumten, die nicht in erster Linie nach Glückseligkeit oder Auflösung des sogenannten Schmerzkörpers, sondern nach absoluter Wahrheit suchen. Bei der noumenalen Erleuchtung geht's nicht darum, was ich tun kann oder gar tun muss, um zu erwachen! Es geht nicht einmal um innere Stille oder Befreiung. All das kriegst du sozusagen frei Haus mitgeliefert, wenn das Paket des offenbaren Geheimnisses sich öffnet und offenbar wird, dass du nur eine Traumgestalt bist, und dass alles, was du zu sein scheinst, der Träumer ist, der dich träumt! Und dass der Träumer, der dich träumt, so unpersönlich ist wie die Elektrizität; darüber hinaus unsichtbar, unfühlbar, unfassbar, ungreifbar, nicht wahrnehmbar. Und doch das Subjekt, das dir Form verleiht und dir immanent innewohnt!

Was bewirkt diese Erkenntnis in meinem Alltag? Verbessert sie meine Lebensqualität? Hat sie Einfluss auf meinen Erfolg, meine Partnerschaft, meine Beziehungen, meine Kommunikation, mein Verhalten, meine Gesundheit, meine dies, meine das?

Sind das deine Fragen? Dann stell das Buch am besten zurück ins Regal und lies besser Tolle. Denn wenn dir das offenbare Geheimnis wertvoll wäre, würden all diese Fragen nicht mehr gestellt. Sie würden wie trockenes Stroh im Feuer der Wahrheit verbrennen.

# Noumenale Erleuchtung ist in Wahrheit Desillusionierung

*ICH kann auf keinerlei Art portraitiert, gezeichnet, fotografiert oder beschrieben werden…*
*Ein Selbst, ein Ego, jegliche Form von getrennter Persönlichkeit oder getrenntem Sein ist ein Objekt. Das ist der Grund, weshalb nichts dergleichen wirklich existiert.*

*Die Einfache Erkenntnis, S. 25, (Lüchow, 1999)*

Lese ich Wei Wu Wei, schrieb kürzlich einer meiner Leser, steh ich da wie der Ochs vorm Berg. Und es sagt mir nichts, überhaupt nichts. Seine Aussagen sind böhmische Dörfer für mich!

Das ist nicht verwunderlich, antwortete ich, denn du suchst nicht nach absoluter Wahrheit. Du suchst nach Erleuchtung. Du suchst, um es anders zu sagen, nicht nach dem, was du wirklich bist, sondern nach einer außergewöhnlichen Erfahrung, die in diesem Bodymind stattfindet und ihn glücklich macht oder ihm inneren Frieden beschert. Du suchst, um es nochmal anders zu sagen, nach dem, was ich als phänomenale Erleuchtung bezeichne. Also eine, die nicht *mit dir*, sondern *in dir* stattfindet.

An dieser Suche ist zwar nichts falsch, aber sie führt nicht zu noumenaler Erleuchtung, die keine neue Erfahrung ist, sondern jegliche Erfahrung als Illusion exponiert. Noumenale Erleuchtung ist daher in Wahrheit Desillusionierung. Wirst du nicht desillusioniert, ist Erleuchtung ein Wort ohne Inhalt.

Wirklich und absolut stabil bin ich nur als Subjekt, und weil Subjekt sich nicht selbst finden kann, so wie das Auge sich nicht selbst sehen kann, finde ich, was ich wirklich bin, in keinem Objekt. Weder in einem physischen noch in einem metaphysischen. Wenn das stattfindet, was ich als noumenale Erleuchtung und am liebsten als Desillusionierung bezeichne, wird die Welt der Objekte in der Wahrnehmung zu dem, was sie schon immer war und immer sein wird: Erscheinung. Ein 3D-Film, dem zugeschaut wird. Ein Traum, der sich von ganz allein träumt. Und zwar ohne Träumer.

Diese Sicht nimmt den Objekten nicht etwa die traumhafte Festigkeit und scheinbare Stabilität. Du kannst nicht plötzlich durch Wände gehen oder die Bedürfnisse deines Körpers verleugnen. Weder seinen Appetit noch seine Geilheit! Nein, daran ändert sich nichts. Im Gegenteil: Du bist fähig, die materielle Welt und ihre Begrenzungen zu akzeptieren und wirst keinen Versuch mehr unternehmen, sie grundlegend zu ändern. Schon deshalb nicht, weil klar gesehen wird, dass die Welt perfekt ist. So wie sie ist. Mit all ihren Unzulänglichkeiten, Albernheiten, Banalitäten, Absurditäten, Fehlentwicklungen.

In dem Traum, der sich träumt, ist das, was du als meine Person bezeichnest, eine Figur unter anderen Figuren. Und jede Figur ist geträumt. Jede Figur wird gelebt. Und das, was sie verursacht und was sie wahrnimmt, das erscheint nicht. Aus diesem Grund *kann ICH auf keinerlei Art portraitiert, gezeichnet, fotografiert oder beschrieben werden.* ICH als das, was wahrnimmt, kann „mich selbst" unmöglich wahrnehmen. Denn könnte es dies, wäre ich nicht Subjekt, sondern Objekt.

> Im besten Fall kann ICH als das, was wahrnimmt, wahrnehmen, dass ICH das bin, was wahrnimmt.

Doch finden kann ich mich nirgendwo. Ich werde meiner nicht habhaft. Ich kann auch niemals sagen: Schau her, das bin ich! Oder schau her, das bist du!

# Satsang-Kindergärten haben Hochkonjunktur

*Jene, die suchen, um aus ihrem Ego etwas anderes zu machen, als es ist, es heilig zu machen, glücklich, selbstlos (als könnte man aus einem Fisch etwas Fischloses machen), und jene, die verstehen, dass all jene Bemühungen nur Gebärdenspiel und Schauspielerei sind, dass es nur eins gibt, das man tun kann: sich aus der Identifikation mit dem Ego zu lösen, indem man dessen Unwirklichkeit erkennt und sich seiner ewigwährenden Identität mit dem reinen Dasein bewusst wird.*

Wei Wu Wei (Zitat aus einem seiner Bücher, die nicht auf Deutsch übersetzt sind)

Jahrzehnte fand man mich in der ersten Sucher-Kategorie. Und daher verstehe ich alle, die dort zu finden sind. Erst spät im Leben hörte dieser „spirituelle Zirkus" auf.

Wenn Terence hier sagt, dass es nur eins gibt, das man tun kann, sollte man sich daran erinnern, dass er aus der Wu-Wei-Perspektive schrieb. Und Wu Wei bedeutet: Handeln durch Nichthandeln. Eine Art kreative Passivität! Daher bleibt nicht ungesagt, was für eine Art „Tun" das ist: *sich aus der Identifikation mit dem Ego zu lösen,* **indem** *man dessen Unwirklichkeit* **erkennt**!

Entscheidend in diesem Satz sind zwei Worte, nämlich „indem" und „erkennt". Sie machen nämlich jegliches Handeln total überflüssig.

Sobald erkannt wird, dass Ego ebenso ein Objekt ist wie eine Banane, ein Torpedo, die Kavallerie, die Demokratie, Fjodor Dostojewski, Marc Aurel oder Copacabana, Begriffe, die dezidiert eine bestimmte Erscheinung bezeichnen, jedoch jedes bezeichnete Ding *Quelle ist in ihrer Manifestation,* die eben Dinge, Objekte bedingt, um erscheinen zu können, ist die Lösung schon da. Im selben Augenblick.

Es ist, als ob du die Verkleidung des Weihnachtsmanns durchschaust: Ach, das ist ja der Opa! Maskiert ALS Weihnachtsmann! Und wieso solltest du ihm denn die Maskerade herunterreißen? Welchen Grund könnte es dafür geben? Lass ihn doch den Weihnachtsmann spielen! Lass ihm doch seinen angeklebten langen weißen Bart! Lass ihn mit tiefer, rauer Stimme sprechen! Lass ihn die Kinder doch fragen: Wart ihr auch alle brav? Lass ihn die Kinderwelt für einige Minuten verzaubern! Und womöglich erkennt ja nur das älteste „aufgeklärte" Kind Opa untendrunter. Die Kleinen können noch an den Weihnachtmann glauben. Gottt sei Dank, könnte man sagen.

In meiner Wahrnehmung sind mindestens 80 Prozent aller Satsang-Lehrer damit beschäftigt, aus einem Fisch etwas Fischloses respektive aus dem Ego etwas anderes zu machen! Und das ist durchaus verständlich. Denn wie bereits erwähnt, sucht ein ebenso großer Prozentsatz der spirituell Suchenden genau danach. Jeder Topf findet seinen Deckel, sagt der Volksmund. Das stimmt offensichtlich. Solange du nach Ego-Transformation, Ego-Auflösung oder gar Ego-Tod suchst, findest du dementsprechende Egofänger, Egoausradierer und Egoauflöser. Die machen nur ihren Job, daher ist ihnen kein Vorwurf zu machen. Und denen, die danach suchen, denen freilich auch nicht.

Es handelt sich jedoch um Kinderkram! Und Kinderkram gibt's nur im Kindergarten. Satsang-Kindergärten haben daher Hochkonjunktur! Es muss sie natürlich geben, daran kann kein Zweifel bestehen. Für erwachsen Gewordene wird der Kindergarten jedoch obsolet und irrelevant.

Erwachsen geworden erkennst du das Ego als eine von unzähligen Maskeraden der Quelle. Und (d)ich als die eine und einzige Quelle in einer ihrer genialen Verkleidungen. Und damit hat sich's. Begriffe wie Erleuchtung, Erwachen, Transformation, spirituelle Praxis, spirituelle Meisterschaft, in Stille sein, in Hingabe sein, eins sein mit Gottt, im Hier und Jetzt sein etc. kannst du zwar noch benutzen, in deiner Wahrnehmung jedoch sind sie ebenso überflüssig wie Bauklötze für erwachsene Jungs und Puppen für erwachsene Mädels.

Aus einem Fisch etwas Fischloses machen zu wollen, ist ein Unterfangen, das scheitern muss! Du bist völlig chancenlos! Denn du wirst bis zu deinem letzten Schnapper ein Ego sein. Ein menschliches Wesen mit all seinen spezifischen Schwächen und Stärken. Spezifischen Charaktereigenschaften könnte man ebenso sagen. Nichts kann und wird daran etwas ändern.

Doch dieses Spiel wird gespielt! Immer und immer wieder versuchen Sucher der ersten Kategorie den besonderen Zustand, den sie womöglich in tiefer Mediation erfahren, zu „halten". Doch das ist völlig unmöglich. Das Ego ist nicht heilig und wird durch Heiligung nie heilig werden.

Nun höre ich freilich die Frage: *Wie löse ich mich denn aus der Identifikation mit dem Ego, erkenne seine Unwirklichkeit und werde mir meiner ewigwährenden Identität mit dem reinen Dasein bewusst?*

Die simple Antwort ist: Indem es geschieht! Mir ist klar, dass diese Antwort zutiefst unbefriedigend erscheint. Dafür entspricht sie aber der Wahrheit! Selbst die Untersuchung, die ich empfehle: „Atme ich, lasse ich mein Herz schlagen, denke ich, entscheide ich, handle ich?" führt nicht zwingend zu dem Ergebnis, den Bodymind als Wahrnehmungsinstrument zu erkennen und mich selbst als die Leere, in der er erscheint. Die Untersuchung ist zwar das aus meiner Sicht effizienteste Werkzeug dazu, doch meine Erfahrung der letzten 12 Jahre mit verschiedensten Suchern beweist, dass es nicht in jedem Fall desillusioniert. Bedenke jedoch: Nicht einmal ein Chirurg mit hoher Erfolgsquote kann dir garantieren, dass all seine Operationen gelingen! Deshalb muss der Patient vor jedem Eingriff - außer im Notfall - eine sogenannte Einwilligungserklärung unterschreiben!

Ein nahezu ebenso wirksames (wie unwirksames) Werkzeug sind die täglichen Texte in meinem Texte-Abonnement![5] Weil steter Tropfen den Stein höhlt. In dem, was du dort liest, ist stets ein Verweis auf die

---

[5]    https://www.wernerablass.de/login_pct.html

absolute Wahrheit verborgen. Und der erinnert dich an das, was du in Wahrheit bist: Quelle, überhaupt keine Frage! Doch im alltäglichen Einerlei geht diese Klarheit, nein, nicht verloren, sie wird lediglich wie die Sonne von Wolken überdeckt, manchmal auch wie eine Fensterscheibe verdreckt. Und zwar einfach nur deshalb, weil „Dinge" erscheinen! Profane Dinge zumeist. Anforderungen des täglichen Lebens. Menschen, die dir nicht liegen! Mangelerscheinungen. Die Sonne scheint eben nicht immer. Das Licht weicht der Dunkelheit. Oder geht zumindest im Grau-in-Grau des Alltags nahezu unter.

Dafür gibt's die Texte: Sie schieben die Wolken beiseite! Sie bringen die Sonne zurück.

*„Ach, ich bin immer noch auf die Texte angewiesen!"*, schrieb mir kürzlich ein Leser, der sie schon seit Jahren täglich genießt! Na und? Du bist schließlich auch auf Speise und Trank angewiesen. Täglich erneut! Zumeist sogar dreimal am Tag. Hast du dir schon jemals die Frage gestellt, wann denn endlich der Tag kommen wird, von dem an du darauf verzichten könntest?

Vielleicht bleibt das dein Leben lang so! Wenn's aber so wäre, wär's schlicht deine Bestimmung! Dein Schicksal. Und das Schicksal ist alles.

# Das Stille-Ding

*Wissen kann ich nur, was ich nicht bin. Was ich bin, lässt sich nicht wissen – eben, weil ich es BIN. Wenn ich es wissen könnte, würde „ich" dadurch zu einem Objekt.*

*Die Einfache Erkenntnis, S. 65*


Logisch ist das schon - oder nicht? Wie sollte sich das, was ich bin, erfassen lassen? Erfassen kann ich schließlich nur Dinge. Mathematik beispielsweise. Oder Grammatik. Oder die Sterne am Himmel. Obgleich ich sie nicht mit den Händen greifen kann, sind sie durch das Sehorgan (be)greifbar. Alles, was dinglich oder dinghaft ist, ist sinnlich (er)fassbar.

Unfassbar ist das, was ich bin. Es MUSS unfassbar sein, weil es ansonsten auch ein Ding wäre. Ein Ding unter vielen anderen Dingen. Daher ist das Selbst auch ein Ding. Die Leerheit ist ebenso ein Ding. Selbst Gott (mit 2 „t") ist ein Ding. Aber selbst Gottt (mit 3 „t") kann ein Ding sein. Solange etwas begreifbar ist, ist es auch greifbar und somit ein Ding. (Terence nennt Dinge stets Objekte, da aber Objekte Dinge sind, nenn' ich sie hier auch schlicht Dinge) ☺

Wenn die Suche nach Lebenssinn oder Selbstfindung beginnt, ist es immer die Suche nach einem Ding. Etwas Greifbarem. Etwas Fassbarem. Etwas Verstehbarem. Das ist ganz normal. Denn wir leben in einer bedingten bzw. dinghaften Dimension. Und genau aus diesem Grund wird selbst aus dem, was nicht ist, stets etwas. Weil das, was ich bin, aber kein Ding ist, (er)zeugen wir eins. Und taufen es dann. Was ich meine, ist: Wir geben ihm einen Namen. Eins der subtilsten „Dinge" wird als Stille bezeichnet.

Man schließt die Augen, entspannt sich und nimmt schließlich Stille wahr. Man nennt den Vorgang, der dahin führt, Meditation. Das Fatale ist nur, dass man aus diesem Zustand irgendwann wieder raus muss. Die Pflicht ruft. Das Telefon klingelt. Eine Sirene erklingt. Ein Kind plärrt. Etcetera.

Dann ist's vorbei mit der Stille! Weil man sie aber schätzt oder liebt, nimmt man die nächste Gelegenheit wahr, um das Stille-Ding wiederum wahrzunehmen: Ohne dieses wundervolle Stille-Ding kann man nicht mehr leben. Man will auch ohne nicht mehr leben. Und glaubt, man sei angekommen, wenn man Stille wahrnimmt.

Ich bin weiß Gott nicht gegen Meditation. Sie beruhigt. Sie fokussiert. Sie entspannt. Macht innerlich „still". Solltest du aber glauben, Stille sei synonym mit dem, was du (in Wahrheit) bist, bist du nur eins, nämlich schief gewickelt. Und zwar ganz ordentlich schief gewickelt.

Ich bin mir dessen bewusst, dass ich gerade dabei bin, der Spirituellen liebstes Kind zu ermorden, denn ich behaupte, dass es sich bei der Stille um ebenso ein Ding handelt wie bei einem Lamborghini! Nur ist der (zumeist) gelbe Flitzer ein physisches und die Stille ein metaphysisches Ding! Dinghaft aber ist beides.

Was du bist, bist du ohne und mit der Realisation dessen, was du bist. Das muss dir klar sein. Was du suchst, bist du, bevor du es suchst. Wärst du es nicht, wärst du nicht. Nichts könnte erscheinen. Das, was erscheint, muss du als das sein, worin alles erscheint.

Irgendwann beginnt die spirituelle Suche! (Nicht alle suchen, nur die, die nicht anders können. Denen spirituelle Suche bestimmt ist, beginnen meistens schon in der Kindheit oder Jugend zu suchen.) Und es ist in der natürlichen Ordnung der „Dinge", dass du „Dinge" findest. Lehre, Leere, Gott, das „höhere" Selbst oder eben auch Stille. Weil du jedoch Dinge findest, können sie kommen und gehen, erscheinen und wieder verschwinden. Das haben Dinge so an sich. Es ist das Wesen der Dinge: zu erscheinen und wieder zu verschwinden.

Was du bist, kann jedoch weder erscheinen noch verschwinden. Denn was nicht ist, kann nicht sein. Und weil du bist, was nicht ist, kannst du dich auch nicht erleben oder erfahren. Was du erleben und erfahren kannst, ist ein Ding. Immer und in jedem Fall. Wie erhebend es auch sein mag.

Daher kann die spirituelle Suche nicht enden. Sie endet erst, wenn das, was du bist, nämlich nicht, sich selbst fand oder besser entdeckt. Das Entdecken des Nicht-Dings ist das Ende der spirituellen Suche. Anschließend suchst du nur noch nach deiner Brille, deinem Hausschlüssel, einem neuen Job, einer neuen Wohnung, einem Partner oder danach, den, den du hast, möglichst schnell wieder loszuwerden, weil er ein Griff ins Klo war! ☺

*Wenn das so ist, hätte ich ja spirituell nie zu suchen brauchen!*

Doch! In jedem Fall! Denn ohne das zu suchen, was du (in Wahrheit) bist, kannst du dich als das Unauffindbare unmöglich finden. Das geht nämlich nur im Ausschlussverfahren! Erst dann, wenn du die Schnauze restlos voll hast von all den metaphysischen Dingen, die erscheinen und ebenso auch wieder verschwinden, wirst du dich als absolut stabiles Unauffindbares wertschätzen können!

Diesen Prozess - Trial-and-Error - kannst du weder umgehen noch abkürzen. Er mag sich sogar über mehrere Leben hinziehen. Und meiner Ansicht nach tut er dies auch. Freilich nicht „deine" Leben, denn „dein" Leben gibt's ohnehin nicht. Gestern nicht, heute nicht und auch nicht morgen.

Aus dem Finden des Unauffindbaren erwächst das, was ich am liebsten als „innere Stabilität" bezeichne. Und die kommt und geht nicht. Womit ich nicht meine, dein KörperGeistSystem könne nicht mehr erschüttert werden. Erschütterung gibt's noch, aber da ist keiner mehr, der erschüttert werden könnte. Die Leere, die kein Ding ist, sondern das, was du bist, wird nämlich niemals erschüttert. Eine der anschaulichsten Metaphern für innere Stabilität ist das Auge oder das Zentrum des Tornados, in dem es relativ schwachwindig ist. Dahin kommt man aber nicht. Das bist du.

Wir wollen es wahrnehmen. Ständig am besten. Doch könnten wir das, wär's ein Ding. Wahrnehmen kannst du nämlich nur Dinge. Das, was wahrnimmt jedoch, ist nicht wahrnehmbar.

> Wahrnehmbar ist nur, dass das, was alle Dinge wahrnimmt, das ist, was du bist, und das nicht nur, obgleich, sondern WEIL es nicht wahrnehmbar ist.

Hier ist sozusagen der Casus Knacksus oder der springende Punkt. Denn es geht ums Verstehen, besser noch ums „Knacken" dieses scheinbaren Paradoxons, nicht etwa um eine spirituelle Erfahrung. Und genau das bezeichne ich als noumenale Erleuchtung im Gegensatz zur phänomenalen Erleuchtung, die Stille zu einem Ding macht. Phänomenale Erleuchtung wird zweifelsfrei erfahren, doch genau deshalb, weil sie erfahren wird und werden kann, ist sie ein Ding.

Weil das, was du bist, nicht erreicht, nicht erfahren und nicht einmal gewusst wird, scheint es so schwer zu „erlangen" zu sein. In Wahrheit aber ist es so leicht zu erkennen wie eine Brille, die uns auf der Nase sitzt, nach der wir aber suchen, weil uns nicht bewusst ist, dass wir bereits durch sie sehen.

Auch das ist natürlich nur eine Metapher, denn sowohl die Nase als auch die Brille sind „Dinge". Und so mühen wir uns ab, um zu finden, was wir schon sind, versinken dabei manchmal sogar in Depression und Angst. Ich berichte da aus eigener Erfahrung. Und doch ist das alles aller Mühe wert. Denn am Ende der Suche wirst du einfach nur lachen KÖNNEN über die Absurdität einer Suche nach etwas, das in Wahrheit Nicht-Etwas ist.

## Religion ist nicht mehr als ein Spielzeug

*Also ist die ganze Idee (der Erleuchtung) nichts als Blödsinn?*

Kinder brauchen Spielsachen. Jugendliche brauchen sie weniger. Erwachsene sind nicht erwachsen, wenn sie überhaupt welche brauchen.

*So dass man jedes Mal lachen darf, wenn man offensichtlich erwachsene Menschen ernsthaft über Erleuchtung reden hört?*

Vielleicht haben sie begriffen, dass sie weder ist noch nicht ist (wie viele andere Begriffe) und reden nur davon, weil es eine soziale Konvention ist. Wenn sie so tun, mögen sie selbst lächeln. Das kann sogar nützlich sein.

*Wie das?*

Könnte nicht die Einsicht, dass da niemals ein „Du" sein kann, das erleuchtet ist, das Mittel sein, um eben dies zu enthüllen, worauf ein so strahlendes und verlockendes Symbol ewig hindeutet?

*Es könnte ein guter Wegweiser sein?*

Falsch verstanden ist es eine Katastrophe! Richtig verstanden sagt es fast schon alles!

Das Offenbare Geheimnis, S. 164


Der Religionen sind viele. Und der Religion zu entkommen ist nahezu unmöglich. Selbst wenn sich ein getaufter und gläubiger Christ von der Kirche verabschiedet, austritt und vorgibt, nicht mehr an Gott zu glauben, leben Restanten religiöser Lehre weiter in ihm. Meistens ohne dass er es bemerkt.

Unverfroren, blasphemisch und diskreditierend über Religion reden und schreiben zu können, wie ich es tue, wie es eine Reihe wahrhaft Desillusionierter taten und noch immer tun, ist nur möglich, wenn Religion als Spielzeug für Kinder durchschaut worden ist. Der Glaube an Gott ist für einen spirituell erwachsenen Menschen geradezu lächerlich und so unnötig wie ein Kropf.

Denn er ist in seiner Wahrnehmung Gottt. Er kann nichts anderes sein. Er ist auch das Universum, sozusagen die Kehrseite des unsichtbaren Gotttes als Alles-Was-Ist. Er kann gar nichts anderes sein. Es ist ihm daher unmöglich, sich auch nur mit einem jener Objekte, die täglich in seinem Erlebniskosmos erscheinen, mehr als funktional zu identifizieren. Und Gott ist eben auch ein Objekt. Ein metaphysisches zwar, keins, das man sehen oder anfassen kann, weswegen man Heilige als göttliche Mittler darstellt und sie verehrt.

Dagegen spricht nichts! Im Gegenteil, der größte Teil der Menschheit ist auf diese „Spielzeuge" angewiesen! Stell dir ein Kind ohne Spielzeuge vor! Es würde wohl den ganzen Tag plärren.

Von da aus betrachtet muss es die Religionen geben! Die spirituellen Pfade genauso! Jedoch nur für Kinder, die Spielzeuge brauchen. Eins davon heißt „Erleuchtung". Denn der spirituelle Pfad unterscheidet sich nur unwesentlich vom religiösen. Äußerlich schon, denn er verzichtet auf äußere Symbole, und der „persönliche Gott" spielt meistenteils auch keine Rolle. Jedoch wurde aus dem äußeren Symbol ein inneres Symbol! Und das heißt nun womöglich Bewusstsein, Leerheit, unbedingte Liebe, Quelle, Stille etc.

Ein (Aus)Tausch fand statt. Du brauchst nun nicht mehr in der Kirche zu sitzen, das Vaterunser zu beten, deine Sünden zu beichten, Oblaten zu schlucken, die auf mysteriöse Weise in den Leib Christi verwandelt werden etc. Nein, du kannst zuhause auf einem Kissen meditieren und die Essenz allen Seins genießen. Du kannst realisieren, dass du Geist bist und dass der Körper nur dein Gefährt ist. Um durch Zeit und Raum zu reisen im ewigen Jetzt!

Auch daran ist nichts falsch! Auch diese Erfahrung muss es offenbar geben, und die Tatsache, dass es sie gibt, beweist ja, dass sie höchst ökonomisch ist. Denn das Universum ist höchst ökonomisch.

---

Nichts, was erscheint, hat keinen ökonomischen Zweck!

---

Das gilt selbst für Fliegen, die wir als Plagegeister empfinden: *Oft betrachten wir die Stubenfliege als Schädling. Und tatsächlich gibt es Lebensbereiche, in welchen eine Bekämpfung ein adäquates Mittel sein kann, etwa aus hygienischen Gründen oder um der Übertragung von Krankheiten vorzubeugen. Wir sollten aber nicht vergessen, dass Fliegen auch vielseitige Nutzen stiften:*

*Zunächst einmal sind sie ein wichtiges Glied innerhalb der Nahrungskette. Sie dienen als Futter für Reptilien (z.B. Eidechsen), Amphibien (z.B. Frösche), Vögel (z.B. Schwalben), Fische, Spinnen, Libellen, Wespen, Gottesanbeterinnen und Kleinsäuger (z.B. Spitzmäuse). Die Larven der Fliege tragen zur Zersetzung von organischem Material bei, zum Beispiel von faulenden Substanzen und Ausscheidungen, und damit zur Produktion von fruchtbarem Boden (Humusbildung). Indem sie Kot und Kompost beseitigen, fungieren Fliegen gleichzeitig auch als „Gesundheitspolizei".*

*Ein weiterer Nutzen von Insekten, an dem die Stubenfliege jedoch nur am Rande eine Rolle spielt, findet sich in den Kriminalwissenschaften: Die Forensische Entomologie erforscht die Besiedlung von Leichen durch Insekten und gewinnt so wichtige Hinweise, beispielsweise zum Todeszeitpunkt oder zum Ort des Ablebens*[6].

Für Kinder sind Spielzeuge höchst ökonomisch. Unverzichtbar daher. Erwachsene jedoch haben in aller Regel, wenn überhaupt, kein großes Interesse an ihnen. Und spirituell erwachsen geworden wird das Leben selbst als ein Spiel betrachtet, ein Spiel, das niemand anderes als Gottt mit sich selbst spielt. Und da ich Gottt bin, ist es sozusagen „mein" Spiel.

Es ist ein Spiel mit Objekten (wie anders) und deshalb tauche ICH darin gar nicht auf. ICH als Subjekt. ICH als das, worin das Lebensspiel erscheint. Jene Leere, die kein Objekt ist, weil das Spiel sonst überhaupt nicht gespielt werden könnte. Man könnte ebenso sagen: In mir als

---

[6]    www.fliegenretten.de/okologischer-nutzen-von-stubenfliegen/

Bewusstsein, als Leerheit. Und in diesem Kontext ist der Beweis, dass es sich bei Bewusstsein und/oder Leerheit nicht um ein (metaphysisches) Objekt handeln kann, besonders augenfällig.

So-called Erleuchtete behaupten, das wahre Selbst oder ihre wahre Natur gefunden zu haben. Ich tu das auch. Ich fand definitiv zu meiner wahren Natur, setze aber hinzu, dass es (m)ich gar nicht gibt und meine wahre Natur un(auf)findbar ist.

Und ist das klar erkannt, spielt Erleuchtung keine Rolle mehr. Sie war auch nur ein Spielzeug, das sich abgenutzt hat, nicht mehr nutzbringend erscheint und daher in die große Kiste auf dem Dachboden mit all den anderen Spielsachen gepackt worden ist.

# Die Wahrheit ist brandgefährlich!

*Eine Katze spielt mit einer Maus und frisst sie; ein Löwe tötet und verschlingt eine Antilope; ein Jäger schießt und verspeist einen Fasan; ein Kannibale kocht einen Missionar und genießt das Festmahl; ein Soldat wirft eine Atombombe ab und vernichtet zehntausend Menschen.*

*Von den Tätern - der Katze, dem Löwen, dem Jäger, dem Kannibalen, dem Soldaten – wird dieses Wirken als „gut" aufgefasst!*

*Von den Opfern – der Maus, der Antilope, dem Fasan, dem Missionar, den Bombenopfern – wird dieses Wirken als schlecht aufgefasst...*

*Ich allein bin das Wirken, das sich so manifestiert, und alle Lebewesen können diese neun Wörter sagen...*

*Verantwortung ist ein psychologischer Begriff, der auf der Unabhängigkeit eines eingebildeten freien Willens beruht...*

*Das Offenbare Geheimnis, S. 218*

Je mehr ich eintauche in den Spirit des Autors, desto klarer wird mir, weshalb seine Bücher so wenig bekannt sind. Die Gesellschaft, die Masse der Menschen, braucht die Wahrheit nicht nur nicht, nein, sie muss sogar vor ihr geschützt werden! Religion brauchen die Menschen! Spiritualität brauchen sie! Oder zumindest ethische Maßstäbe. Nicht diese „gefährliche" Relativierung von Gut und Böse!

Narcos heißt eine Netflix-Serie, die das Leben Pablo Escobars erzählt. Ein Mann, der derart skrupellos handelte, dass selbst ich als erfahrener Cineast und von daher an brutale Szenen in Filmen gewöhnt, nur noch einen Wunsch hegte: Diese Bestie möge möglichst bald erschossen werden! So viel Bosheit und Skrupellosigkeit in einer Person empfand (selbst) ich als unerträglich!

Escobar aber liebte sich, seine Art zu leben und seine Familie so sehr, dass er nicht einmal auf die Idee kam, sein Wirken könne „böse" sein! Zwar war ihm bewusst, dass er ein Bandit war, jedoch nur vor dem Gesetz! In seiner Wahrnehmung waren die Regierungsmitglieder und Polizisten die weitaus schlimmeren Banditen, denn viele ließen sich auf Schmiergelder ein, die er ihnen anbot, damit sie über seinen Kokainschmuggel und seine Morde hinwegsehen würden. Was viele auch taten. Und ein Großteil des kolumbianischen Volkes liebte und verehrte ihn, weil er sich als Sohn des Volkes präsentierte und öfter einmal Geldscheine unter ihnen verteilte. So wurde er für sie zu einer Art Robin Hood!

Wir alle haben unsere Vorstellungen von Gut und Böse. Nicht wahr? Was für dich gut ist, mag für mich schlecht sein. Und unsere verschiedenen Betrachtungsweisen könnten uns sogar entzweien. Eine ganze Reihe meiner „FB-Freunde" sprang ab und bezeichnete mich als Nazi und islamophob, als ich auf Facebook den Islam anzugreifen begann und die Meinung Atatürks, Gründer und erster Präsident der Republik Türkei, über den Islam und seinen Propheten Mohamed postete:

„Der Islam, diese absurde Gotteslehre eines unmoralischen Beduinen, ist ein verwesender Kadaver, der unser Leben vergiftet!"

Mustafa Kemal Atatürk, 1881 – 1938, Gründer und erster Präsident der Republik Türkei

Denn diesen Spruch fand ich „gut!" Die Aussage unserer Kanzlerin „Der Islam gehört unzweifelhaft zu Deutschland." fand ich unfassbar ignorant! Die Physikerin mit dem rhetorischen Talent einer Haarnadel hat keine Ahnung vom Islam, sonst könnte sie niemals so eine Aussage machen! Doch sie ist davon überzeugt. Und da sie nicht handelt, kann ihr kein Vorwurf gemacht werden. Sie tut nur, was sie tun musste, und ihre Unfähigkeit, den Islam als menschenfeindliche Ideologie zu durchschauen, die unsere westliche Art zu leben untergräbt und gefährdet, stärkt rechtsradikale Elemente im Land.

„Lebewesen scheinen Erfahrungen zu machen und zu handeln, aber das, was das alles bewirkt, ist noumenal!"

Das Offenbare Geheimnis, S. 219

Tja, was genau sollte ein Abgeordneter im Bundestag mit dieser Aussage anfangen? Wenn sie in ihn eindringen könnte, wäre er politisch impotent. Er könnte seinen Job schmeißen! Er könnte seine Position nicht mehr kraftvoll und überzeugend vertreten. Er würde Verständnis für die Position aller Kollegen aufbringen. Selbst dann, wenn er dezidiert anderer Meinung wäre, wäre ihm stets bewusst, dass es sich nur um eine Aussage handelt, die essentiell betrachtet weder gut noch böse, sondern ursächlich noumenal ist. Und damit genau so, wie sie sein muss!

Die Wahrheit ist deshalb so verborgen, weil sie gesellschaftliches Leben unmöglich macht! Man lebt zwar weiterhin in ihr, man interessiert sich womöglich (wie ich) weiterhin für Politik und geht sogar wählen, man ist aber nicht mehr von ihr. Nicht dass man das wollte, es ist einfach nicht möglich. Die Energie, in der man schwingt, ist einfach nicht mehr gesellschaftskonform. Da braucht man sich nicht mal zu äußern! Man wirkt für die Allgemeinheit einfach nicht mehr anziehend. Nicht zwingend abstoßend, eher so wie ein Neutrum. Also als das, was du auch wirklich bist: Niemand. Nichts. Null.

Nur jene, die selbst zur Null wurden oder werden sollen, die ziehst du an! Das sind aber nicht allzu viele. Es handelt sich um eine Minorität. Das kann und darf nicht anders sein. Denn, wie bereits erläutert, ist die Wahrheit brandgefährlich!

Wer von uns möchte nicht beliebt und anerkannt sein? Im Sternzeichen Löwe geboren war ich lebenslang darauf aus! Nach meiner Desillusionierung im Jahr 2004 sah ich Massenveranstaltungen vor meinem geistigen Auge! Mit Advaita würde ich, sprachbegabt und charismatisch, Furore machen! Doch genau das Gegenteil war der Fall: Die Anzahl derer, die meine Events besuchen, schrumpft von Jahr zu Jahr! Und Gottt sorgte sogar dafür, dass ich mich von Facebook verabschieden musste und diese Plattform nur noch benutze, um beispielsweise für ein neues Buch kurzfristig Werbung zu machen.

Versteh mich recht! Ich beklage das nicht. All das ist in der natürlichen Ordnung der Dinge. Wenn ich jedoch von globalem Erwachen höre oder lese, muss ich stets schmunzeln. Denn das Erwachen, das da propagiert wird, ist erstens phänomenal, mitnichten noumenal und zweitens ebenso unrealistisch wie die Vision von Veganern, Fleisch zu essen würde irgendwann der Vergangenheit angehören.

Du solltest nicht meinen, dass es mir Spaß macht zu desillusionieren! Viel lieber würde ich wie viele meiner „Kollegen" illusionieren und Beifall erhalten! Doch dieses Programm wurde deaktiviert. Die Freude, Texte zu schreiben und Worte zu sprechen, die auf die absolute Wahrheit verweisen, ob sie nun von Tausenden oder nur einer Handvoll wahrheitsliebender Menschen gelesen und gehört werden, ist sozusagen mein „Lebenselixier" geworden. Dafür brenne ich, bis ich ausgebrannt bin und den Weg alles Irdischen gehe.

# Kann ich denn überhaupt wissen, was wahr ist?

*Wir wissen sehr genau (ihr, die ihr das lest, wisst sehr genau), wo der sogenannte Mond herkommt, was er ist, wo er hingehört, und der sogenannte Himmel ebenso! Sie gehören zu all den anderen phänomenalen Objekten, die wir Tag und Nacht objektivieren, ob wir nun schlafend träumen oder wachend träumen – Rosse und Rosen, Bären und Bodhisattwas, Dahlien und Drachen.*

*Hängen sie dir nicht alle zum Halse heraus? Nein? Nun gut, dann bewundere sie, liebe sie, mach mit ihnen, was immer du willst! Aber hör um Himmels Willen auf zu denken, dass sie als solche auf irgendeine Weise irgend- und sonstwo „existieren“: „dort drüben“, „dort oben“, „dort unten“ oder sonst „irgendwo“!*

*Du weißt sehr gut, wo sie existieren, wie sie existieren und dass ihre einzige Existenz zuhause ist, dort, wo sie hingehören – also dort, wo du sie wahrnimmst.*

*Das Offenbare Geheimnis, S. 66*

Ist das hammerhart! Oder? Das ist dem Welt-Erleben ähnlich, das Neo in dem bekannten Film „Matrix“ erfährt, nachdem ihm klar wurde, dass es sich bei ihr um eine Computersimulation handelt. Das Restaurant „dort drüben“, das Steak, das er dort immer aß und das ihm schmeckte, all das war nicht real, obgleich es ihm vor seinem „Mindcrash“ real erschien!

Wo findet all das statt, was du siehst, was du hörst, was du riechst, schmeckst und betastest? Ich möchte dich nicht erschrecken, nur auf die Wahrheit verweisen. Doch die ist zunächst sehr erschreckend. Reißt dir den Boden unter den Füßen weg. Erst mal!

Andererseits weißt du es ohnehin schon! Doch dieses Wissen schläft womöglich noch. Sozusagen. Potentiell ist's vorhanden, doch es entzieht sich deiner Wahrnehmung. Du nimmst (noch) nicht wahr, dass dies alles nur Wahrnehmung ist. Oder Bewusstsein, wenn dir dieser Begriff besser gefällt.

Gestern fragte mich eine Leserin, woher Neal Donald Walsch, Verfasser der Trilogie „Gespräche mit Gott", seine Eingebungen hat. Das ist eine interessante Frage. Die viel interessantere ist die, wieso alle, die sich in ihrem Reden und Schreiben auf die Eingebung Gottes berufen, die verschiedensten Informationen (von ihm) erhalten. In vielen Fällen sogar sich diametral widersprechende. Um nur ein prominentes Beispiel zu nennen:

Jesus sagte: *Ihr habt gehört, dass gesagt ist (2.Mose 21,24): »Auge um Auge, Zahn um Zahn.« Ich aber sage euch, dass ihr nicht widerstreben sollt dem Übel, sondern: wenn dich jemand auf deine rechte Backe schlägt, dem biete die andere auch dar. Und wenn jemand mit dir rechten will und dir deinen Rock nehmen, dem lass auch den Mantel. Und wenn dich jemand nötigt, eine Meile mitzugehen, so geh mit ihm zwei.*[7]

Hatte denn Gott seine Meinung zwischenzeitlich geändert? In diesem Fall sogar diametral! Oder hat Mose im Gegensatz zu Jesus gar nicht Gottes Stimme gehört? Oder war's umgekehrt: Hat Jesus seine eigene Meinung als Gottes Wahrheit verkauft?

Und wie steht's mit all den anderen? Mit Jesaja, Mohamed, Joseph Smith, Gründer der Mormonenkirche oder Charles T. Russel, dem Gründer der Zeugen Jehovas? Sie alle hörten Gottes Stimme und könnten doch in ihren Aussagen nicht verschiedener sein. Und ich zähle hier nur einige der bekannten auf. Dabei gibt's Abertausende, die sich in dem, was sie sprachen oder schrieben, auf Gott beriefen und berufen. Selbst ich berufe mich ja auf die eine und einzige Quelle! ☺

Da es nur eine gibt, müssen alle, die sich auf Gott berufen, aber auch alle, die sich nicht auf ihn berufen, sondern Gott als Hirngespinst

---

[7]    Jesus, Bergpredigt, Kapitel 5

bezeichnen, aus ihm reden und schreiben. Und du arme Sau musst nun entscheiden, wer von ihnen „glaubwürdig" ist! ☺

Doch genau das musst du nicht und das kannst du auch gar nicht! Und zwar weil's dich nicht oder nur virtuell gibt. Als programmierte Biomaschine. Nur in dem, was wahrnimmt, gibt's dich. Jeweils mit der Figur, die du zu sein scheinst. Und diese Figuren können nicht alle das Gleiche behaupten, weil das Spiel, das sich in dem, was wahrnimmt, (ab)spielt, sonst fürchterlich langweilig würde.

Einheit - davon träumen die Spirituellen seit Menschengedenken! Ein neuer Mensch! Eine vergöttlichte Menschheit! Ach, wäre das schön! Löwe und Schaf weiden miteinander. Und die Schwerter werden zu Pflugscharen!

Ein schöner Traum. Keine Frage. Wenn wir ihn aber erlebten, würden wir zwar nicht mehr durchs Schwert, dafür jedoch vor Langweile sterben! Ach, ich vergaß, wir könnten ja gar nicht mehr sterben, wir würden ja ewig leben! In ewiger Langeweile. Was für eine glorreiche Zukunft! ☺

Lies nur weiter Neal Donald Walsch. Ihm ist die Fähigkeit zuteil geworden, uns imposante Gefühle zu vermitteln! Man kann so schön mit ihm träumen. Und noch dazu spirituell! Nicht wahr? Dagegen spricht nichts. Im Gegenteil, ihn gibt's für die vielen, die diese Art Träume brauchen! Da kannst du wieder mal sehen, wie ökonomisch das Universum um jede seiner Figuren besorgt ist!

*Kann ich denn überhaupt wissen, was wahr ist?* Ich lass darauf Terence antworten:

*Du weißt sehr gut, wo die Figuren existieren, wie sie existieren und dass ihre einzige Existenz zuhause ist, dort, wo sie hingehören – also dort, wo du sie wahrnimmst.*

Das ist die absolute Wahrheit! Das-was-wahrnimmt ist und bleibt einzig und absolut wahr in all den als Wahrheit verkündeten Informationen und Desinformationen. Nur das, WAS wahrnimmt, ist wahr. Nur in dem, was wahrnimmt, bist du absolut sicher, keiner sogenannten Wahrheit auf den Leim zu gehen. In dem, WAS wahrnimmt, erscheint all das, was Mose und Jesus und Jesaja und Mohamed und Joseph Smith und Charles T. Russel und wie sie alle hießen und heißen als Wahrheit verkünden!

Selbst jene, die auf die absolute Wahrheit verweisen, sind virtuelle Figuren in dem-was-wahrnimmt! Und du tust gut daran, ihnen kein Wort zu glauben! Sie wollen gar nicht, dass du ihnen glaubst! Sie erwarten nicht, dass du ihnen glaubst! Sie können gar nichts von dir erwarten, weil sie wissen, dass du nichts denkst, nichts entscheidest, nichts tust und auch nichts glaubst!

# Damit es nicht zu Verwechslungen kommt!

*Phänomene können ALS Phänomene nicht die Quelle der Phänomene sein; dessen ungeachtet, da sie nichts anderes als Noumenon sein können, sind sie letzten Endes eins mir ihrer Quelle.*

*Deshalb können wir als Objekte nichts anderes sein als Erscheinung, doch als Objekte sind wir nicht das Subjekt unserer Erscheinung. Dessen ungeachtet, da es nichts gibt, was wir als Objekte sein könnten – außer unserem Subjekt – sind wir letzten Endes eins mit unserem Subjekt!*

*Das Offenbare Geheimnis, S. 196*

Kompliziert? Warum sagt Terence nicht einfach wie Werner: Du bist Quelle in ihrer Erscheinung?! Na ja, hätte er sicher gekonnt. Konnte er aber nicht! Lass mich den Versuch starten, ihn mit einer kleinen Metapher – die des Buchstabens - zu übersetzen:

*Buchstaben können als Buchstaben nicht die Quelle der Buchstaben sein; dessen ungeachtet, da sie nichts anderes sein können als das-was-sich-mit-ihnen-schreibt, sind sie letzten Endes eins mit der Quelle des Schreibens.*

*Deshalb kann das mit Buchstaben Geschriebene nichts anderes sein als das Erscheinen dessen-was-sich-schreibt, doch als einzelne Buchstaben sind sie nicht das-was-sich-schreibt. Dessen ungeachtet, da es nichts gibt, was Buchstaben sein könnten außer dem-was-sich-mit-ihnen-schreibt, sind Buchstaben letztlich eins mit dem-was-sich-schreibt!*

Verstanden? Jetzt ist es klar, oder? Sonst lies es halt noch mal! Die Sprache der Metaphysik muss man ebenso lernen wie die Sprache der Physik. (Meine diesbezügliche Schulung verdanke ich meinem ersten Guru, dem ich 10 Jahre folgte.) Dennoch stellt sich die Frage, weshalb man diesen Tatbestand derart differenziert und komplex formulieren muss. Wenn's doch viel einfacher geht!

Und ich sage: Weil es sonst leicht zu Verwechslungen kommt, und die können in ihrer Auswirkung fatal sein. Schauen wir es uns einmal etwas näher an und nutzen dazu meine einfache Formulierung: „Du bist Quelle in ihrer Erscheinung". Nehmen wir außerdem an, einer meiner Leser oder Zuhörer könnte sich diese Beschreibung „aneignen", ohne groß drüber nachdenken zu müssen. Was könnte passieren? Womöglich purer Hochmut, und der kommt bekanntlich vor dem Fall.

Wow, ich bin die Quelle! Die Worte „in ihrer Erscheinung" vergisst er, so begeistert ist er davon, Quelle zu sein. Und damit Gottt! Was denn sonst? Und da eilt sie schon mit großen Schritten daher! Was? Die Prüfung natürlich! Der Test. In Form seines Chefs. „Müller!" herrscht der ihn an, „Sie kommen ständig zu spät zur Arbeit! Sollte sich das nicht ab morgen ändern, können Sie Ihre Papiere abholen!"

Und da wird Gottt plötzlich so klein mit Hut! Oder aber, wenn Müller ein temperamentvoller Typ ist, sagt er: Wissen Sie was, Chef? Sie können mich mal! Und meine Papiere lassen Sie noch heute an meine Adresse schicken!

Und das alles passiert nur, weil er drei Worte meines Satzes vergaß: in ihrer Erscheinung! Und diese wären ebenso wichtig gewesen wie die ersten drei Worte: Du bist Quelle!

Was sind Buchstaben ohne das-was-sie schreibt? Für die Katz! Oder nicht? Was bedeutet ein Alphabet ohne einen, der es benutzt? Das-was-schreibt, das bist du! Ja. Keine Frage. Aber eben nur in Form oder in Erscheinung von aneinandergesetzten Buchstaben! Du hast keinerlei Kontrolle über das, was sich schreibt. Obgleich du es bist. Und sein musst! Denn wenn du den suchst, der schreibt, findet sich keiner!

Objekt ist Subjekt! Überhaupt keine Frage. Aber – und dieses „Aber" hätte Müller womöglich vor dem Rausschmiss bewahrt – Subjekt *in seiner Erscheinung* als Objekt! Merkst du nun, wie wichtig eine differenzierte Formulierung der Wirklichkeit ist?

Ich beobachte 2 Extreme in der spirituellen Szene:

Nr. 1: Die, die sich als Gottt sehen. Sie wissen alles, sie können alles, sie sind die Größten! Sie gestalten ihre Realität! Sie heilen sich selbst. Sie heilen sogar die Erde! Potz Blitz!

Nr. 2: Die, die sich als Geschöpfe betrachten. Und vor dem Schöpfer katzbuckeln. Artig Namaste sagen, wenn sie (einem) Gottt im Fleisch begegnen. Er hat alles in der Hand. Er ist der Herr und der Meister! Ihm müssen sie sich hingeben, ihn müssen sie lieben, ihm müssen sie dienen!

Du bist jedoch beides: Der Sohn IST der Vater[8]. Objekt IST Subjekt – jedoch – und dieses „jedoch" darfst du niemals vergessen: in seiner Erscheinung, in seiner Phänomenalität.

„Letzten Endes" bin ich eins mit meiner Quelle! So wie Buchstaben eins sind mit dem, was sich mit ihnen schreibt! „Letzten Endes" bin ich sogar die Quelle! Da ich aber in meiner Erscheinung bin, was geschrieben ist und geschrieben wird, kann ich mich nicht selber schreiben.

Merkst du nun, wie wichtig es ist, sich auf die Komplexität der Sachlage einzulassen? Hoffentlich! Ansonsten wirst du entweder so überheblich werden wie die Idioten, die glauben, die Erde heilen zu können, oder so dämlich wie die anderen Idioten, die vor ihrem Schöpfer katzbuckeln und mit einem schlechten Gewissen rumlaufen, weil sie seinen Ansprüchen niemals genügen können.

---

[8]  Wer mich sieht, sieht den Vater! Jesus. Johannes 14:9

# Teil II

Als junger Mönch setzte ich alles daran, Satori zu bekommen.
Da gab mir Fueoka Ryoun Roshi eine Lehre für den Rest meines
Lebens:
"Kein Grund zur Hektik, Kodo. Du bist so wie einer,
dem ein Stück Scheiße an der Nase hängt und der trotzdem fragt:
"Wer hat hier gefurzt!?" –
Solange du auf diese Weise nach Satori suchst, wirst du es nie finden."

Kodo Sawaki

# Spirituell unkorrekt

*- Unmöglich, etwas für diese Frau zu tun! Ich habe mich bemüht, ihr zu helfen, aber ich kann es nicht!*

- Wie zum Teufel stellst du dir vor, dass ein Phänomen einem anderen helfen könnte?

Die Offenbare Erkenntnis, S. 172

Weshalb können Kinder jederzeit und allerorts in ihre Spielwelt versinken? Na ja, Kinder können das eben, mag da einer behaupten, insbesondere deshalb, weil ihnen der „Ernst des Lebens" noch nicht bewusst ist! Sie kennen noch keine Existenzsorgen, sie haben keinen Chef, der ihnen Anweisungen gibt, keine Bankschulden, die sie abtragen müssen; sie wissen nicht, dass das Leben Anforderungen stellt, deren Erfüllung Voraussetzung ist, um einigermaßen über die Runden zu kommen. Sie wissen in der Regel noch nichts über Krankheit und Tod.

Man kann diese Begründung nicht rigoros ablehnen. Tu ich auch nicht. Habe aber – wie könnte es anders sein ☺ – noch eine andere Begründung. Meine Theorie ist, dass sie noch viel näher dran sind am Ursprung allen Daseins als erwachsen gewordene Menschen. Sie sind ja sozusagen gerade erst aus dem Ei geschlüpft. Hinein in eine Welt, die ihnen jungfräulich erscheint.

Eines Tages waren Iris, Yannick und ich zur Geburtstagsfeier ihres Großvaters eingeladen. Er wurde 90 und ich bekam ihn zum ersten Mal zu Gesicht, seit ich mit Iris zusammenlebe. Einer seiner Urenkel war auch anwesend. Lennard, ein Dreijähriger mit erstaunlichen Fähigkeiten. Sein Vater musste mir gar nicht erzählen, dass er bereits mit 1 ½ Jahren die ersten 3 Strophen der Nationalhymne wiederholen konnte, nachdem sie im TV vor einem Fußballspiel ertönte, oder dass er spontan ein Gedicht aufsagen konnte, das Kinder im Kindergarten mühsam auswendig lernten. Ich sah es in seinen Augen. Diesem erstaunlich wachen Blick. Der Mimik und Gestik, die der eines Erwachsenen mit hohem IQ nicht unähnlich war.

Ich erwähne ihn, weil ich am Nachmittag desselben Tages wieder mal eindrucksvoll erinnert wurde an das, was ich gern als „meine Spielwelt" bezeichne. Ich hatte mich nach dem Essen ein wenig von der Feier entfernt, besuchte in der Nähe allein eine katholische Kirche, die in ihrer architektonischen Einfachheit an eine reformierte erinnerte. Ich war der einzige Besucher. Anschließend setzte ich mich auf eine Bank gegenüber dem Gasthof, in dem die Feier stattfand. Und genau dort kam die Information rein, die in dieser Intensität oder dieser Klarheit nicht ständig vorhanden ist:

Meine Spielwelt!

Nicht dass dies gänzlich aus dem Bewusstsein geriete. Nur ist diese Schau auf die Welt meistens „unbewusst bewusst". Vergleichbar mit dem Atmen, das uns ja auch nicht ständig bewusst, aber unbewusst dennoch bewusst ist.

Spirituell korrekt ist diese Information freilich nicht. Schon wegen des Wortes „meine". Wie könnte die Welt „meine" sein. Mir, mein, das sagt man so, ist aber unwahr. Was gehört dir? Nicht mal ein Bleistift. Viel weniger noch dein Leben und schon gar nicht... die Welt!

Und so empfinde ich das auch nicht! Die Welt als „mir gehörend"! Die Betonung liegt vielmehr auf „Spielwelt"! Wie ein Kind empfindet, wenn es in seine Spielwelt versinkt. Da ist kein Gedanke an „seine" Spielwelt. Und es sieht auch, anders als ich, nicht, dass es „nur" eine ist.

Die Autos oder die Eisenbahn oder die Puppenstube ist in dem Moment für das Kind alles, was ist. Mehr gibt's nicht in seiner Wahrnehmung. Es taucht ein und erst wieder auf, wenn Papa oder Mama zum Mittagstisch rufen!

*Meine Spielwelt*, das ist in meiner Wahrnehmung so, als würde ich in dem Moment wieder zum Kind! Der Quelle so nah wie sonst nie, würde ich sagen. Was natürlich spirituell auch nicht korrekt ist. Scheiß drauf. Auf spirituelle Korrektheit, mein ich.

Und wer ich bin, ist klar: Das, was (sie) wahrnimmt, die Spielwelt. Das Restaurant *Bauern Bräu* in Schrobenhausen, in welchem die Geburtstagsfeier stattfand. Der Platz davor. Ein kleiner Brunnen. Uralte Häuser. 1455 las ich an der Hauswand von einem. Drin wohnte mal ein Schuhmachermeister mit seiner Familie. Heut' ist's ein Museum.

Und noch eine Info kam rein auf der Bank. Eigentlich kannst du dir die Metapher der Zip-Datei sparen, die ich gern verwende, um Reinkarnation zu erklären! Sie ist zwar nicht falsch, im Grunde genommen aber unnötig.

Denn das „nächste" Leben in der Spielwelt spielt sich ja nur insofern mit der gleichen Figur ab, als in ihr der Erfahrungsschatz der vorigen genutzt wird. Das „nächste" Leben selbst ist jedoch ebenso schon gelebt wie jenes, das mit dem sogenannten Tod endet. Wie in einer Serie. Alle Folgen sind schon gedreht und stehen dem Zuschauer zur Verfügung.

Ich weiß ja nicht, ob du ein Serienliebhaber bist. Ich schon. Daher weiß ich aus Erfahrung, dass nach jeder Folge unten rechts im Bild „Nächste Folge" steht, bevor die endet, die sich gerade dem Ende nähert. Du klickst drauf und schon geht es weiter. Weil die nächste bereits gedreht ist. Schon vorhanden, nur noch nicht abgespielt.

Sehr oft ist der Ort der Handlung ein anderer. Die wenigsten Folgen beginnen genau da, wo die gerade gesehene endet. Neue Figuren erscheinen. Freilich auch bereits bekannte.

Das ist allerdings anders in „meiner Spielwelt"! Lennard, der hochbegabte Junge, von dem ich gerade berichtete, ist eine Figur, die in der Form, wie sie gegenwärtig wahrgenommen wird, vollkommen neu ist. Ein Unikat. Nur der Erfahrungsschatz, der im zuvor stattgefundenen Leben „gesammelt" wurde, der setzt sich freilich in Lennard fort. Das ist der Grund dafür, dass Lennard mit 3 Jahren die Nationalhymne aufsagen kann, nachdem er sie nur einmal gehört hat. Sein Gehirn greift offenbar auf Erinnerungen zurück, die es aus einem Leben, das vor ihm stattfand, mitgebracht hat. Und das ist der wahre Grund für das Phänomen, das wir hochbegabt nennen.

Meine Theorie! Ich bestehe nicht auf ihr. Sie erscheint mir nur schlüssig.

In meiner Wahrnehmung ist übrigens auch die Theorie der ewigen Wiederkehr Nietzsches nicht gänzlich von der Hand zu weisen.

*„Dieses Leben, wie du es jetzt lebst und gelebt hast, wirst du noch einmal und noch unzählige Male leben müssen; und es wird nichts Neues daran sein, sondern jeder Schmerz und jede Lust und jeder Gedanke und Seufzer und alles unsäglich Kleine und Große deines Lebens muss dir wiederkommen, und alles in der selben Reihe und Folge – und ebenso diese Spinne und dieses Mondlicht zwischen den Bäumen, und ebenso dieser Augenblick und ich selber. Die ewige Sanduhr des Daseins wird immer wieder umgedreht – und du mit ihr, Stäubchen vom Staube!"* [9]

Leben ist schließlich ein Kreis, keine Linie! Denn eine Linie hat Anfang und Ende. Ein Kreis hat beides nicht. Und insofern wäre die Schlussfolgerung logisch: Alles kehrt wieder! Ist der Kreis vollendet, wirst du wiederum erleben, was du schon erlebt hattest! Und das unzählige Male.

Vollendung kann es nur insofern geben, als *der Kreis* sich vollendet. Das menschliche Leben jedoch bleibt unvollendet. Es sind nur

---

[9]     Die fröhliche Wissenschaft, Viertes Buch, Aphorismus 341 (KSA 3, S. 571)

Erfahrungen, die gemacht werden. Und allein darin liegt und erschöpft sich ihr Sinn.

Ich lehre jedoch die Wiederkehr-Philosophie nicht. Ich sag nur: Why not? So unangenehm sie dir auch erscheinen mag! Eins muss dir in jedem Fall klar sein: Leben kann niemals „nur" angenehm sein. Ob du nun immer wieder das Gleiche oder stets vollkommen Neues erlebst.

Und etwas anderes sollte dir ebenso klar sein: DU als die Figur, die du gegenwärtig erlebst, hast schon gelebt und bist schon gestorben, bevor deine Nabelschnur durchtrennt wurde. Und Du als das, was du bist, wirklich bist, primär, nicht nur sekundär als Figur… du als das, was wahrnimmt, du schaust dem allem nur zu. Du nimmst es nur wahr. Du als das, was wahrnimmt, bist gar nicht drin.

Die Serie mit allen Staffeln und Folgen ist fix und fertig. All die Leben, die in jeder neuen Folge als sich stets entwickelnde und wandelnde Figur erscheinen und dir jeweils den trügerischen Eindruck vermitteln: Das bin ich im Unterschied zu dem da oder der da.

Hurra! Das ist „meine Spielwelt"! Natürlich auch deine! Denn du bist wie ich DAS, was dieselbe wahrnimmt. Sie lediglich wahrnimmt. Ob du als Figur so hochbegabt bist wie Lennard oder kompletter Durchschnitt wie die allermeisten Menschen auf diesem Globus!

# Die einfache Erkenntnis

*Als Bodhidharma[10] Hui-k'o[11] aufforderte, ihm seinen Geist zu bringen, damit er ihn beruhigen könne, und es Hui-k'o nicht gelang, sagte Bodhidharma: „Nun, siehst du, ich habe ihn für dich beruhigt!". Was hatte Hui-k'o denn erleuchtet? Er sah, dass das Gesuchte der Sucher und der Sucher das Gesuchte war.*

*Die Einfache Erkenntnis, S. 40-41*

Ein spiritueller Sucher in der esoterischen Licht-und-Liebe-Welt kann mit solch einer Begebenheit und Erkenntnis überhaupt nichts anfangen! Ich weiß das deshalb, weil's mir so ging, als ich mich zum ersten Mal in dieser Szene mit den Verweisen auf die absolute Wahrheit konfrontiert sah.

Der Sucher ist das Gesuchte! Na toll? Und was nun? Was soll ich mit dieser Erkenntnis denn anfangen? Und wie sollte sie meinen Geist beruhigen oder mich gar erleuchten?

X-mal kam ich mit meiner Suche ans Ende meiner Möglichkeiten. X-mal wusste ich nicht mehr weiter, weil es kein Weiter zu geben schien. Doch das führte nicht etwa zur Beruhigung meines Geistes, es beunruhigte ihn. Wo zum Teufel war nur der Friede, von dem die so-called Erleuchteten berichten?

Jeder Pfad führte in eine neue Sackgasse. Denn am Ende war ich wieder am Anfang. Um nur eine Erfahrung herauszugreifen: Rebirthing. Das ist eine besondere Technik des zirkulären Atmens, also des Ein- und

---

[10]    Bodhidharma (* um 440; † um 528) war ein indisch-tamilischer Mönch und gilt als der erste Patriarch der Chan- und Zen-Linien. (Wikipedia)

[11]    Der zweite Patriarch des Chan und Dharma, Nachfolger von Bodhidharma.

Ausatmens ohne Pausen. Ich lag auf dem Rücken, beide Hände und Beine fest auf dem Boden, sie begannen jedoch nach einer Weile oben zu schweben; und es war mir unmöglich, sie am Boden zu halten. Dann begann ich zu weinen, zu schluchzen; und es hörte für etwa eine Stunde nicht auf. Mir war, als würden all die Schmerzen, die ich in meiner Kindheit und Jugend erlitten hatte, noch einmal durchlebt und aus dem System ausgeschieden werden. Am Ende befanden sich mein Geist und auch mein Körper in vollkommener Entspannung. Einen Tag später jedoch war alles wieder beim Alten und die Suche ging weiter. Das ist nur eine von vielen spirituellen Erfahrungen, die ich machte.

Warum hört die Suche nicht auf? Weil wir nach Erfahrungen trachten! Nach innerem Frieden vor allem! Der Beruhigung des Geistes. Das Plappermaul im Kopf soll endlich schweigen.

Bring mir deinen Geist! Bring mir das Plappermaul her, damit ich es beruhigen kann, befahl der Meister dem Schüler. Und der Schüler wollte dem Wunsch des Meisters entsprechen. Es war ihm aber unmöglich, denn der Geist fand sich nicht.

Suche nach dir! Suche das, was du (m)ich oder mein nennst. Das, was denkt. Das, was fühlt. Das, was will, und auch das, was nicht will. Such den, der sucht!

Alle Meister gaben ihren Schülern diese Aufgabe. Alle wahren Meister. Die Pseudomeister geben dir ein Mantra zur Beruhigung des Geistes: Setz dich jeden Morgen und Abend mindestens 20 Minuten auf deinen Allerwertesten und wiederhole die heilige Silbe. Das ist zwar beruhigend. Doch es führt in keinen stabilen respektive irreversiblen Frieden.

Den zu suchen, der sucht, führt zu *keiner* Erfahrung. *Keinem* Gefühl! Deine Beine und Arme schweben nicht, sondern bleiben genau da, wo sie sich schon vorher befanden. Den zu suchen, der sucht, setzt dich mitnichten in eine „Seligkeitsbadewanne". Nichts ändert sich in deinem Organismus.

Du findest nur keinen, der sucht! Der Suchende stellt sich als abwesend, als nicht vorhanden heraus. Und damit hat sich's. Das ist das Ende der Suche. Du bist da, wo du schon warst, bevor die Suche begann. Nur dass du nun siehst, dass der Sucher das Gesuchte und das Gesuchte der Sucher war.

Wie könnte der Sucher das Gesuchte sein? Nun, weil weder der Sucher noch das Gesuchte existieren! Die Suche verlief stets ohne einen, der sucht. Und bei der Suche handelt(e) es sich nur um einen Impuls.

Ich suche immer wieder einmal meine Brille, die ich an den abenteuerlichsten Orten liegen lasse. So dass ich manchmal das Haus von oben nach unten mehrfach durchforste. Die Suche beginnt damit, dass sie (mir) fehlt! „Die Brille liegt nicht auf dem Schreibtisch!" Also beginnen meine Augen umherzuschweifen. Da sie jedoch nicht gesehen wird, erhebt sich der Körper und bewegt sich auf die Toilette. Da sie nicht auf der Ablage neben dem Klo liegt, bewegt sich der Körper auf die Treppe, die ins Erdgeschoss führt, und, dort angekommen, an verschiedene Stellen, an denen sie schon einmal abgelegt wurde. Wird sie an keiner dieser Stellen gefunden, wird der Gartentisch gecheckt. Findet sie sich auch dort nicht, ist das Schlafzimmer dran und so weiter.

So verläuft Suche. Jede. Nicht nur die spirituelle. Ein Impuls entsteht aus dem Eindruck, dass etwas nicht vorhanden ist, was vorhanden sein sollte. Sowohl der Eindruck als auch der Impuls sind total unpersönlich. Eine Handlung ergibt stets die andere.

Zu einem bestimmten Zeitpunkt entstand in deinem Organismus der Eindruck, den Sinn des Lebens oder dich selbst finden zu wollen. Zu müssen. Diesem Eindruck folgte der Impuls, ein Buch zu kaufen oder ein Seminar zu besuchen, das sich mit dem Sinn des Lebens oder der Selbstfindung befasst. Aus den gewonnenen Erkenntnissen entstanden neue Impulse, die beispielsweise zur Meditation oder anderen spirituellen Techniken führten. Und während der Meditation entstanden wiederum neue Eindrücke, die andere Impulse bewirkten.

Interessanterweise hörte die Suche dabei nicht auf. Was auch erfahren wurde, erkannt wurde, gefühlt wurde: Der Impuls weiterzusuchen wurde nicht gekappt.

Eine Brille zu finden, ist, selbst wenn man längere Zeit nach ihr suchen muss, nicht allzu schwer, weil sie ein Objekt ist. Dich selbst zu finden jedoch ist nicht nur schwer, sondern völlig unmöglich. Schlicht deshalb, weil das Selbst kein Objekt ist. Zwar gibt es Unmengen spiritueller Objekte, das Selbst aber kann kein Objekt sein. Es sei denn, man macht aus dem Subjekt ein Objekt. Dann spricht man von Selbstfindung, die aber in Wahrheit nichts weiter als Selbstbetrug ist. Denn was du bist ist unauffindbar. Und nur das lässt sich finden!

Daher stoppt nur diese Erkenntnis die spirituelle Suche. Keiner da, der jemals gesucht hat! Keiner da, der sich je selbst finden könnte. Und übrig bleibt freilich nur Leere. Doch diese frustriert nicht. Wenngleich sie auch nicht glücklich macht. Glücklich machen Objekte. Selbst eine Tasse Cappuccino vermag zu beglücken. Oder ein Sonnenstrahl, der durchs Fenster fällt. Wenn du daher nach spiritueller Glückseligkeit suchst, befindest du dich noch auf der Strecke. Das Ende der Suche befreit dich von allen Vorstellungen über das Leben oder wie Leben sich ausdrücken sollte. Und was könnte befreiender sein?

# Gegenstandslos

*Das (was objektivierbar ist) kann unmöglich frei sein. Dies (was nicht objektivierbar ist) kann unmöglich gefangen sein.*

*Das Offenbare Geheimnis, S. 222*

Objektivierbar bedeutet: gegenstandsbezogen erfassen! Und das gilt für alles, was Form besitzt, selbst wenn es sich um die kleinsten Bausteine der Materie, die sogenannten Elementarteilchen handelt, die nur in der Nebelkammer sichtbar gemacht werden können. Das, was wahrnimmt, kann unmöglich sichtbar gemacht werden, weil jede Form und damit alles Objektivierbare in ihm erscheint.

Wenn daher jemand behauptet, er habe sich selbst erfahren, wurde er zum Opfer einer Verwechslung. Was er das Selbst oder gar das Höhere Selbst nennt, ist nichts anderes als ein „höher" erscheinender Aspekt im Geist, der sich deutlich von solchen absetzt, die als „niedere" erscheinen. Erfahrbar beispielsweise während der Meditation, der Anbetung des Göttlichen, des begriffslosen Betrachtens erhabener Naturschönheiten, womöglich auch des Lesens von Texten, die auf die absolute Wahrheit verweisen. Daher sind solche Gipfelerfahrungen, wie Abraham Maslow sie nannte, nie dauerhaft. Denn die sogenannten niederen Aspekte (ich nenne sie lieber Alltagsaspekte) melden sich wieder und fordern ihren Tribut.

Dann erscheint einem die Selbsterfahrung wie ein zynischer Betrug des Schicksals. Und man sehnt sich wieder auf den Gipfel zurück. Und tut oft jede Menge dafür. Beispielsweise noch länger oder öfter meditieren. Oder sich in der Hingabe an das Göttliche üben. Womöglich erlebt man dann erneut eine Gipfelerfahrung. Und glaubt vermutlich auch noch an eine Vertiefung des bereits Erlebten. Daher gibt's solche Aussagen wie: Erst war ich nur erwacht, jetzt aber bin ich erleuchtet!

All diese Erlebnisse sind jedoch objektivierbar und daher halten sie den, der sie erlebt, weiter gefangen. Menschen mit solchen Erfahrungen sind im Grunde genommen nur innerhalb des Objektgefängnisses umgezogen. Die Zelle ist nun ein wenig heller und womöglich auch nicht mehr ganz so eng wie zuvor!

---

Frei bist du allerdings nie – im Objektivierbaren.

Ebenso wie du im Nicht-Objektivierbaren
niemals gefangen sein kannst!

---

Daher ist spirituelle Suche so schwierig. Und auch so absurd. Denn das, was du suchst, kannst du niemals dort finden, wo du es suchst: im Objektvierbaren. Also in deinen Gedanken, deinen Gefühlen, deinem Erleben, deinen Erfahrungen.

*Ach, wie war ich doch so wundervoll leer*, schreibt mir gestern jemand, *über Wochen - und dann, mit einem Schlag, war alles wieder vorbei.*

*Sei dankbar,* schrieb ich zurück, *denn was du erlebtest, war lediglich eine wenn auch sicherlich erhebende Erfahrung! Was du bist, ist nicht erfahrbar. Es ist, was du bist, nicht, was du erfährst.*

Leere ist kein Gefühl. Und natürlich auch kein Gedanke. Leere ist noch nicht einmal eine Erfahrung. Leere ist schlicht, was du bist. Nicht irgendwann – jetzt! Und nur deshalb, weil du vollständig leer bist, kann in der Leere Fülle erscheinen. Wie sollte die Kameralinse eine Szenerie in vollem Umfang erfassen, wäre sie nicht vollständig leer?

Merkst du, auf welchem Feld sich deine spirituelle Suche bewegt? Dafür ist dir freilich kein Vorwurf zu machen. Auf diesem Feld kannst du jedoch immer nur scheitern. Weil Leere sich nicht finden kann. Nur Objektivierbares lässt sich naturgemäß finden. Und wenn es die winzigen Elementarteilchen sind.

Dich aber als das zu erkennen, was nicht gefangen ist und auch noch nie gefangen war, weil es absolut frei ist, ist schlicht nicht objektivierbar. Und daher auch nicht gefangen.

Der KörperGeist aber, er wird niemals frei sein. Bis sich das, was ihn erscheinen lässt, von ihm befreit. Aber selbst das erfährst du nicht, denn dann bist du bereits das, was man tot nennt!

# Die Übung der Nichtübung

*Ständig verlagern wir die Verantwortung auf das Objekt! Aber Objekte haben nicht die geringste Verantwortung; diese liegt voll und ganz bei ihrem Subjekt. Bring sie nach Hause. Lass sie daheim... Stell die Verantwortung wieder dorthin, wohin sie gehört. Bring sie zurück zu ihrer Quelle, (die sie niemals verlassen hat) ... Das ist die Übung der Nichtübung.*

*Das Offenbare Geheimnis, S. 65*

Natürlich fragst du dich nun, was die Worte Erwachen, Erleuchtung oder Desillusionierung überhaupt noch bedeuten, wenn es keine Erfahrung derselben gibt. Noch nicht einmal das, was man im Ergebnis als *gefühltes bzw. erlebbares Leersein* bezeichnet.

*Ständig verlagern wir die Verantwortung auf das Objekt*, schreibt Terence. „Wer ist wir?", magst du fragen! Und die Antwort kann nur sein: das Subjekt! Selbst dann, wenn es nicht als solches erkannt wird! Wenn es denn stimmt, was er im nächsten Satz sagt: *Objekte haben nicht die geringste Verantwortung; diese liegt voll und ganz bei ihrem Subjekt!*

Hoppala! Denn wenn dem so ist, kann ich mich als Objekt doch nicht zur Quelle zurückbringen?! Das wäre ja so, als würde eine verloren gegangene Münze sich selbst zu ihrem Besitzer zurückbringen wollen und können!

Da ich es aber offenbar kann, muss dies bedeuten und kann nichts anderes bedeuten, als dass ich die Quelle bin. Wir brauchen und können im Grunde, zumindest in diesem Kontext, nicht zwischen uns und der Quelle unterscheiden. Denn wenn's nur Quelle gibt, muss folglich alles, was wir tun, Quelle sein! Du kannst, mit anderen Worten, nichts aus eigener Initiative oder Kraft tun (oder unterlassen)! Selbst wenn es ganz und gar danach aussieht, weil du beispielsweise jemanden verletzt, oder schlimmer noch, eine Himbeere vom Strauch deines Nachbarn gestohlen hast ☺, kannst du es unmöglich gewesen sein.

Du kannst natürlich ebenso wenig 100 Euro als Spende an die Caritas überwiesen oder deinem Nachbarn einen wohlschmeckenden Apfel von deinem Apfelbaum geschenkt haben. Wenn es stimmt, was Terence behauptet, nämlich dass die Verantwortung gänzlich beim Subjekt liegt – eine andere Bezeichnung für Quelle – dann ist nichts von dem, was du tust, dein Tun! Du bist nur ein Gebrauchsgegenstand!

Und genau aus diesem Grund kannst „du" die Verantwortung nachhause bringen! Das heißt: zu dir selbst. Denn du bist das ewige Subjekt. Gut versteckt und verborgen im zeitlich begrenzten Objekt. Weil du als ein solches nur scheinbar existierst.

Natürlich bist du als Objekt sichtbar, fühlbar, erlebbar, betastbar, riechbar, schmeckbar. Etcetera. Jedoch nur als temporäre Erscheinung. In Wahrheit, essentiell, dem Grunde nach, ist alles, was ist, Subjekt oder Quelle.

*Ständig verlagern wir die Verantwortung auf das Objekt!*

Wie recht er doch hat! Der ebenso größenwahnsinnige wie paranoide Herr Erdogan bezeichnet unsere Regierenden als Nazis, sperrt unschuldige Deutsche weg, nur, um es uns heimzuzahlen, und schon legt unser Gehirn die Verantwortung dafür auf ihn (als Objekt). Das geht mir immer so, wenn ich von einer neuen Schandtat des türkischen Diktators lese. Und hinterher denkt sich oft: Wenn der Idiot nur endlich mal einen Schwächeanfall kriegen würde, von dem er sich nicht mehr erholt!

Sei nicht überrascht, wenn es dir ähnlich oder genauso wie mir geht. Das kriegst du nicht weg. Glaub das nur nicht! Doch dabei bleibt es ja nicht. Stimmt's? Und warum? Weil du dich wieder heimholen kannst! Zurück in die Quelle, die die alleinige Verantwortung hat für alles, was geschieht, und auch für alles, was nicht geschieht. Eine Obergrenze für Flüchtlinge beispielsweise, wie Österreich eine hat! Oder noch besser: eine nicht von unrealistischem Altruismus motivierte Flüchtlingspolitik, wie sie Australien praktiziert!

*Das ist die Übung der Nichtübung!* Schön ausgedrückt! Es sieht so aus, als würdest du dich darin üben, die Verantwortung stets in die Quelle zurückzubringen, also dahin, wohin sie gehört, in Wahrheit jedoch ist es eine Nichtübung, weil das keiner tut. Weder du.... noch die Quelle!

> Nie passiert irgendwas. Denn alles Tun ist nur Sein.

Was „tut" eine Henne? Gackern, Körner fressen und Eier legen hauptsächlich, nicht wahr? Aber tut sie das wirklich? Man kann das so sagen, aber eigentlich tut sie es nicht. Denn die Henne wäre kein Huhn, würde sie nicht gackern, Körner fressen und Eier legen! Das Sein eines Huhns ist so angelegt, dass es gar nichts anderes tun „kann"!

Daher kannst du einen Hahn nicht dafür verantwortlich machen, dass er anstatt Eier zu legen Kikeriki macht und Hühner besteigt. So ist das Sein eines Hahns nun mal angelegt.

Bist du als spiritueller Mensch angelegt, hattest du nie eine andere Wahl als die, nach Gottt oder dem Selbst zu suchen. So wie Hühner Eier legen und Hähne Hühner besteigen. Und du hast nun auch keine andere Wahl, als die Verantwortung immer wieder nachhause zu bringen. Weil sie nur dort hingehört!

# Ein leerer Spiegel

*Dieser schwere Kerl mit der krummen Nase hat mir einen ganz beleidigenden Brief geschrieben! Was hältst du davon?*

*Was ich davon halte? Dass du als sein Objekt ein unsympathischer Mensch sein musst. Wirklich schade, denn als Objekt der Dame, die dir letzte Woche geschrieben hat, warst du, wenn ich mich recht erinnere, ein angehender Heiliger!*

*Das Offenbare Geheimnis, S. 166*

Manche Menschen fallen vor mir (beinahe) in Ehrfurcht und/oder Bewunderung nieder und andere scheißen mir (freilich nur mit Worten) in den Garten! In der Saunakammer bin ich für andere schlicht ein Mitschwitzer und im Event bin ich ein Guru. Rollen sind das, die ich nicht einmal spiele. Andere weisen sie mir zu. Andere sehen mich in denselben.

Das, was wahrnimmt, ist wie ein Spiegel. Er reflektiert Szenerien, hat sie jedoch weder gewollt noch inszeniert. Wenn du die Verantwortung in die Quelle zurückbringst, muss dir das klar sein. Sonst arbeitest du an dir. Versuchst dich oder andere maßzuschneidern, zu reinigen oder gar zu heiligen.

Der Spiegel ist rein. Da gibt's nix sauberzumachen.

Die Objekte jedoch, die im Spiegel erscheinen, die sehen einander nicht in ihrer Essenz, sondern in ihren jeweiligen Rollen. Und wenn du einer sein solltest, der das zu ändern versucht, kannst du einem leidtun. Denn du wirst scheitern. Eine 100%-Garantie gebe ich dir dafür! Zu vermeiden ist's jedoch nicht! Die Erfahrung wirst du schon machen müssen.

Und nun kommt natürlich das Argument: Wenn Objekt (das) Subjekt ist, dann ist doch (das) Subjekt für die Rollen der Objekte verantwortlich! So wird das Subjekt verdinglicht. Es wird als Subjekt selbst zu einem Objekt. Hast du's gemerkt?

Wie verantwortlich ist jedoch ein Spiegel für das, was sich spiegelt?

Spiegelt sich auf einem Spiegel nichts, bezeichnen wir ihn als leer. Spiegeln sich Objekte auf ihm, bezeichnen wir ihn als voll. Ist er wirklich voll? Oder erscheint er (uns) nur als voll?

Der Spiegel bleibt leer, selbst dann, wenn er (uns) voll erscheint. Und wenn zwei Objekte auf ihm erscheinen, die sich nicht mögen oder von denen zumindest eins das andere nicht mag, obgleich das andere das eine gar nicht so unsympathisch finden mag wie das eine das andere, dann kümmert das den Spiegel einen feuchten Kehricht. Stimmt's?

So dass man mit Fug und Recht behaupten kann: Obgleich sich ohne Spiegel nichts spiegelt, ist er der unverantwortlichste Bursche, den die Welt jemals sah! ☺ Ein Spiegel kann wirklich überhaupt nichts für den Kerl mit der krummen Nase, der dir einen beleidigenden Brief schrieb. Er hat aber auch nichts mit der Dame zu tun, die vor mir niederfällt, um mir die ungewaschenen Füße zu küssen.

Als *sein Objekt* ist das Objekt, das dich unsympathisch findet oder verehrt, nur eine Spiegelung im Spiegel. Was tut ein Spiegel außer zu spiegeln, was auf ihm erscheint? Ist das wirklich ein Tun? Wie blöd muss man sein, um das zu glauben? Nun, ich war so blöd. Jedenfalls! Viele Jahre sogar.

Gottt ist alles, was ist, und sonst nichts. Nichts darüber hinaus, meine ich.

*Was könnte Gottt denn darüber hinaus sein?* Schöpfer könnte er sein, Erhalter, Zerstörer könnte er sein, Initiator, Regisseur, Betreiber, Manager könnte er sein!

Und schon machen wir (das) Subjekt zum Objekt! Und haben ein dickes Problem. Das dickste überhaupt. Dicker noch als ungeregelte

Zuwanderung. Dicker als Links- und Rechtsradikale. Dicker als die Schere zwischen Arm und Reich. Dicker sogar als Multi-Kulti-Claudia Roth! Weil wir den reinen Spiegel verantwortlich machen für das, was er lediglich spiegelt!

Die Anwesenheit dessen, was sich im Spiegel spiegelt, ist nur möglich durch die Abwesenheit des Spiegels in all dem, was er nur reflektiert. Machen wir ihn daher verantwortlich für das, was auf ihm geschieht, machen wir (das) Subjekt zum Objekt.

Du als Objekt kannst einem anderen Objekt unsympathisch oder sympathisch erscheinen. Der Spiegel ist davon nicht betroffen. Der Spiegel spiegelt nur, was (auf ihm) erscheint.

Das ist, was du bist. Wirklich, grundlegend, essentiell bist, meine ich. Und das zu realisieren, nicht ein für alle Mal, sondern immer und immer wieder, das ist es, was unter *zur Quelle zurückbringen* zu verstehen ist. Das ist die Übung der Nichtübung. Weil keiner übt. Weil es zwar Übung gibt, jedoch keinen, der übt!

Wie Menschen dich als *ihr Objekt* sehen, dafür können sie nichts. Ebenso wie du nichts dafür kannst, wie du sie als *dein Objekt* siehst. Oder wie du auf ihr Dich-Sehen reagierst.

Es war der Philosoph David Hume, der sinngemäß sagte, dass wir nicht mit dem Menschen kommunizieren, der vor uns steht, sondern stets mit unserer Vorstellung, die er in uns auslöst. Das gilt selbst für einen Menschen, den du wirklich zu kennen meinst. Den du womöglich als Freund bezeichnest. Aus diesem Grund sind wir manches Mal so erstaunt, wenn gerade dieser Mensch uns enttäuscht. So enttäuscht, wie wir es niemals für möglich gehalten hätten!

Objekte sind niemals verlässlich. Selbst auf dich selbst als Objekt ist kein Verlass. ☺

*Auf was kann ich mich denn dann überhaupt verlassen?*

Auf den leeren Spiegel, auf den ist einzig Verlass! Gerade deshalb, weil er vollständig leer ist. Reine Abwesenheit. Das, was anwesend ist, wandelt sich ständig. Wie sollte darauf Verlass sein?

Jahrelang hast du deine Familie als harmonisch und Quelle des Glücks erlebt, das war dein Anker. Und plötzlich herrscht Disharmonie. Was sich einst liebte, hasst sich urplötzlich. Dein Anker geht flöten.

Doch das ist, so frustrierend es (dir) auch erscheinen mag, eine Chance, den einzigen Anker zu finden, der sich niemals losreißen kann: den leeren Spiegel, in dem sich sowohl Harmonie als auch Disharmonie zu spiegeln vermag. Und das allein bist du, sonst nichts.

# Teil III

Alle Wesen und alle Erleuchteten sind an sich nichts als der Eine Geist, und alles andere ist nichts. Dieser Geist ist ohne Anfang, ungeboren und unzerstörbar, ohne Form, ohne Erscheinung. Er gehört nicht zu den Dingen, die existieren oder nicht existieren. Er ist weder lang noch kurz, weder groß noch klein, denn er ist jenseits aller Beschränkungen, aller Maßeinheiten, Namen, Spuren und Vergleiche. Es ist das, was immer gegenwärtig ist - aber sobald du Begriffe davon bildest, bist du sofort im Irrtum. Dieser Geist ist unermesslich und unergründlich wie die grenzenlose Leere.

Huang-po

# Die Abwesenheit jeglicher Anwesenheit

*Was nützt es, den Blick nach außen zu wenden? Alles, was du sehen wirst, sind Objekte! Drehe dich um und schaue nach innen.*

- *Würde ich stattdessen das Subjekt sehen?*

*Wenn das so wäre, würdest du ein Objekt betrachten. Ein Objekt ist das, was du siehst, in welche Richtung du auch schaust.*

- *Würde ich nicht mich selbst sehen?*

*Du kannst nicht sehen, was nicht da ist.*

- *Was also werde ich sehen?*

*Vielleicht kannst du die Abwesenheit deiner selbst sehen, die das ist, was da schaut! Diese ist „Leerheit" genannt worden.*

*Bumerang*

*Jedes Mal, wenn du ein Objekt siehst, erblickst du das Subjekt jenes Objekts in seiner objektiven Manifestation. Jedes Objekt ist ein Spiegel, das reflektierend, was schaut!*

Das Offenbare Geheimnis, S. 190

Das ganze Ding hier ist demnach ein verdinglichtes Nicht-Ding! Und das Nicht-Ding ist freilich nicht wahrnehmbar, denn um (etwas) wahrnehmen zu können, muss es ein Ding sein. Selbst wenn es so winzig wie ein Elementarteilchen ist.

Und doch ist jedes Ding die Reflexion dessen, was wahrnimmt. Terence schreibt: *Ein Objekt ist das, was du siehst, in welche Richtung du auch „schaust".* Es gilt jedoch für jede Sinneswahrnehmung, nicht nur für das Schauen.

Mit dem sogenannten Spiegelgesetz hat seine Aussage jedoch rein gar nichts zu tun. Hier eine Definition desselben: *„Alles, was in meinem Leben auftaucht, ist ein Spiegel meines Bewusstseins und zeigt mir mein eigenes Inneres. Das Leben hat für mich nur einen Zweck: Selbsterkenntnis. Und alle Umstände, Personen und Situationen bilden eine einzige gutmütige Verschwörung, die mir alles bietet, was ich benötige, um meine Wunden zu heilen, mein Potenzial zu verwirklichen und mein wahres, ewiges Wesen zu erkennen. Der Weg durch mein Leben ist der Weg durch mein eigenes Inneres, alles, was passiert, dient meiner Evolution und alle Menschen und Geschehnisse tragen eine Botschaft für mich. Dabei geht es niemals um etwas „da draußen", sondern immer um ein Spüren tief in mir selbst.*[12]

Was passiert mit uns, wenn wir dem Spiegelgesetz Glauben schenken? Wir machen das unpersönliche Wahrnehmen zu einer höchst persönlichen Angelegenheit. Und interpretieren alles, was im Außen passiert, als Spiegel unseres inneren Zustands.

Jemand nimmt dir die Vorfahrt. Dein Chef brummt dir Überstunden auf. Unter dem Scheibenwischer deines Autos klemmt der Strafzettel wegen Falschparkens. Ein Kollege begrapscht (wenn du eine Frau bist) deinen Busen.

All diese Ereignisse werden zum „Thema" und müssen „bearbeitet" werden. Weil die äußeren Geschehnisse ja nur dein Inneres reflektieren. All das könnte ja gar nicht geschehen, wenn du keine Affinität dazu hättest.

Es mag natürlich schon sein, dass dein Busen begrapscht wird, weil du eine attraktive Frau bist und deine Reize nicht gerade versteckst. Busengrapscherei erleben jedoch auch frigide Frauen, die hochgeschlossene Kleider und lange Röcke tragen!

Natürlich tragen wir alle gewisse Affinitäten in uns. Oft höre ich Berichte von Frauen, die immer und immer wieder Männer

---

[12]  https://www.sein.de/das-spiegelgesetz

kennenlernen, die sich nach kurzer Zeit als Ausnutzer oder gar Betrüger herausstellen. Würden solche Frauen sich zu einem Therapeuten begeben, der mit dem Spiegelgesetz arbeitet, würde er ihnen sagen, dass sie selbst dafür verantwortlich sind. Und anschließend versuchen, das „innere Muster" zu finden und zu transformieren. Das Ergebnis wäre nach deren Auffassung, dass der Typus von Mann aus dem Erlebniskosmos verschwindet.

Auf diesen Blödsinn verwies Terence nicht, wenn er schrieb: *Jedes Mal, wenn du ein Objekt siehst, erblickst du das Subjekt jenes Objekts in seiner objektiven Manifestation. Jedes Objekt ist ein Spiegel, das reflektierend, was schaut!*

Hier geht es um die Wahrheit, nicht um das Spiegelgesetz, das mit Selbsterkenntnis so viel zu tun hat wie Wladimir Putin mit einem lupenreinen Demokraten! Denn was bewirkt denn diese esoterisch verbrämte Torheit? Die Beschäftigung mit einem Objekt, in diesem Fall deiner Person! Viel Vergnügen!

Deine Person ist jedoch ebenso ein Objekt wie alle anderen Objekte, die du als das-was-wahrnimmt wahrnimmst. Was immer auch wahrnehmbar ist, ist ein Objekt. Was du wirklich bist, ist jedoch kein Objekt, sondern Subjekt. Es ist das, was wahrnimmt, nicht das, was wahrgenommen wird. Es ist somit die Abwesenheit jeglicher Anwesenheit.

*Vielleicht kannst du die Abwesenheit deiner selbst sehen, die das ist, was da schaut! Diese ist „Leerheit" genannt worden. Abwesenheit „sehen"?* Wäre dann Abwesenheit nicht auch ein Objekt? Magst du dich zu Recht fragen.

Nun, hier haben wir es mit einem typischen Problem unserer begrenzten Sprache zu tun. Natürlich kann man Abwesenheit nicht „sehen". Denn sehen bzw. wahrnehmen kann man ja nur Objekte. Aber wie sollte man es anders formulieren als so?

*Die Abwesenheit jeglicher Anwesenheit sehen* klingt bombastisch, ganz so, als wäre es ein Ereignis, das fernab alles Gewöhnlichen läge. Das genaue Gegenteil ist aber der Fall. Dieses Sehen ist das Gewöhnlichste überhaupt. Es fällt mir sogar schwer, es ein *Ereignis* zu nennen. Denn es ist das, was andauernd (da) ist. Und ohne das du unfähig wärst, die Welt der Objekte wahrzunehmen.

Das, was wahrnimmt, ist, was du bist, ohne das, was du bist, jemals wahrnehmen zu können. Denn um es wahrnehmen zu können, müsste es ein Objekt sein. Da es aber keins ist, ist es auch nicht wahrnehmbar. Was bleibt, ist daher nur das „Sehen", dass das, was du bist, nicht wahrnehmbar ist, obgleich es zwingend Voraussetzung ist, um auch nur ein winziges Staubkörnchen wahrnehmen zu können.

# GOTT glänzt durch Abwesenheit

*Als Manifestation des Unmanifestierten ist phänomenale Anwesenheit noumenale Abwesenheit.*

*Das Offenbare Geheimnis, S. 227*

Der Herr Müller glänzt heute wieder mal durch Abwesenheit! Kennt man doch, diesen Spruch. Oder nicht? Man erwartet Herrn Müller und sucht nach Herrn Müller, man sucht ihn sogar auf der Damentoilette, weil man ihn dort schon einmal mit seiner Sekretärin in flagranti erwischte, doch Herr Müller ist und bleibt abwesend. Er ist nicht da, obgleich er da sein sollte. Denn er ist der Chef. Der oberste Chef. Das Unternehmen *Müller GmbH*, weltweit agierend, gehört niemand anderem als Herrn Müller. Er hat es aufgebaut! Im Jahr 1969 eröffnete er seine erste Filiale. Heute sind es 25.371. Selbst auf Hawaii gibt's 'ne Müller-Filiale. Selbst im eiskalten Wladiwostok. Sogar in Brackenheim, und das liegt ja nun wirklich am Arsch der Welt!

Nur Müller SELBST fehlt. Er hat auch nicht angerufen. *Tut mir leid, ich verspäte mich*, oder so. Keiner weiß, WO er ist bzw. zu finden ist. Das Blöde ist allerdings, dass Müller noch niemals, also nicht ein einziges Mal anwesend war. Die Sache mit der Damentoilette erzählt man sich zwar, aber Beweise dafür gibt es nicht...

Es gibt - man sollte es kaum glauben – es gibt noch nicht einmal ein Foto von Herrn Müller. Ähnlich wie die verstorbenen Albrecht-Brüder (ALDI) oder wie der noch lebende Herr Dieter Schwarz, Inhaber von KAUFLAND/LIDL, lebt Müller so zurückgezogen, als existierte er nicht. Doch die Fäden hält er in der Hand. Nix geht ohne ihn. Überall hat er seine Hände im Spiel. Jedes Produkt, das bei Müller verkauft wird, muss vor der Listung über seinen Tisch. Die Einkäufer können nicht ohne seine Einwilligung *handeln*. Doch auch die bekamen ihn noch nie zu

Gesicht. Sie kommunizieren mit ihm per Email. Keiner weiß, wer Müller ist, wo er lebt, wie er aussieht, wie alt er ist, ob er Familie hat oder als Single lebt, ob er Veganer ist oder Fleischfresser, Jude, Christ, Moslem, Atheist, Autoliebhaber oder Radfahrer, ob er am Marathon in New-York teilnimmt oder lieber wie Warren Buffet mit Popcorn faul auf der Couch liegt und fernsieht. Auch seine politische Ausrichtung kennt freilich keiner.

Er ist abwesend, obgleich er im Unternehmen Müller anwesend ist. Und zwar allgegenwärtig. Weil ohne Müller nix, aber auch gar nix läuft.

So ist das mit GOTTT. Anwesend abwesend. GOTTT glänzt stets durch Abwesenheit. Diese „Lücke" füllt sich niemals. Doch gerade sie ist es, die ihn (sozusagen) stets anwesend sein lässt. Gerade diese Abwesenheit lässt ihn überall und in allem anwesend sein. Alles deutet auf ihn hin, alles, jedes Objekt. Das Subjekt jedoch bleibt ungesehen, ungehört, ungefühlt, sogar ungeschehen. Es entzieht sich vollständig unserer Wahrnehmung, wird jedoch als totale Abwesenheit wahrgenommen.

Man könnte von den Leuten bei Müller sagen, dass sie Müller verkörpern. Denn sie sagen und tun, was Müller hören und getan haben will. Wenn du aber als Kunde von Müller Müller-Leute nach Herrn Müller fragst, sagen sie: Wir haben ihn auch noch nie zu Gesicht bekommen. Aber wie können sie denn dann wissen, ob es Müller überhaupt gibt?, fragt der Kunde weiter. Und die Müller-Leute sagen, na ja, sehen Sie, ohne Herrn Müller würde es uns Müller-Leute doch gar nicht geben! Und Sie würden in keiner Müller-Filiale einkaufen können. Und der Kunde erwidert: Woher wollen Sie denn überhaupt wissen, dass Herr Müller nicht Herr Schulze oder Herr Mayer heißt und sich nur Müller nennt? Worauf die Müller-Leute erwidern, dass ihnen völlig wurscht sei, ob Herr Müller wirklich Müller heißt, solange er sie gut bezahlt!

Ob GOTTT Allah oder Jahwe oder Abba oder Manitu oder Nobody oder Leerheit oder Zero Point Energy heißt, ist mir egal, solange er mich beatmet, mein Herz schlagen lässt, mich ernährt, mich befriedet, mich (be)lebt!

Stell dir vor, einer der Müller Leute käme auf die Idee zu behaupten, er sei nicht nur ein Müller-Mann oder eine Müller-Frau, sondern selbst der HERR Müller! Was da passieren würde! Die Leute würden sich an den Kopf fassen, ihn auslachen, ihn womöglich rauswerfen.

Jesus erging es so, als er behauptete, ich und der Vater sind eins, wer mich sieht, sieht den Vater. Jeder Mensch hätte das von sich selbst sagen können, weil ein jeder Gotttes Sohn ist. Aber du kannst es nur mit Vollmacht sagen, wenn GOTTT sich (in dir) selbst erkennt. Dann allerdings bleibt dir gar nichts anderes mehr übrig. Du kannst dich schließlich nicht SELBST verleugnen.

Jesus war – menschlich betrachtet – sehr mutig. Schließlich war er des Zimmermanns „unehelicher" Sohn. Und so einer sagt: Ehe Abraham wurde, bin ich! Wir kennen die Geschichte aus alten Zeiten. Daher staunen wir nicht mehr. Aber stell dir das bitte einmal heute vor!

Der soll GOTTT sein? Wie kann er das nur von sich behaupten? Wie

überheblich muss so einer sein! Oder wie geisteskrank! Denn das sind die einzigen beiden Alternativen – zur Wahrheit. Das ist die dritte Alternative: Es stimmt. Es ist wahr. Oh, diese .... ich such nach einem geeigneten Substantiv, find aber keins und sag daher nur.... diese Abwesenheit, diese Lücke in allem, die nicht gefüllt werden kann und auch nicht gefüllt werden muss, weil gerade in ihr jene Stille, jene Ruhe, jene Leerheit ist, die du ansonsten nirgendwo findest.

# Außer mir ist einfach keiner

*Wenn der Käfer sieht, bin ich es, der schaut;*
*Wenn die Nachtigall schlägt, bin ich es, der singt;*
*Wenn der Löwe brüllt, bin ich es, der schreit.*

*Das Offenbare Geheimnis, S. 217*

Wenn ein Zeuge Jehovas an meiner Haustür erscheint und (mich) fragt: Darf ich ein Gespräch über Gott mit Ihnen führen, bin ich es, der mit seinem Mund spricht. Und aus diesem Grund antwortet Werner: Über nicht, aber mit! Was möchten Sie denn von mir wissen? ☺

Seit ich dies einmal tat, eher provokativ und ironisch, besuchen mich die in ihr dogmatisches Korsett eingeschnürten Zeugen nicht mehr. Sie müssen ja über ihre Besuche berichten. Nicht nur darüber, wie viele Türen sie abklapperten, sondern auch, wie die Gespräche verliefen. Meine Tür scheint ein No-Go erhalten zu haben.

Wenn mein Hund mir die Hände leckt, bin ich es, der (sie) liebkost! Wenn er bellt, bin ich es, der Werner damit auf den Wecker geht. Und geht Werner etwas auf den Wecker, bin ich es, der Werner stört.

All diese Aussagen klingen nur solange eigenartig und absurd, solange in einem KörperGeistSystem noch geglaubt werden kann, außer mir würde ein Zweites existieren, ein Käfer, eine Nachtigall, ein Löwe, ein Zeuge Jehovas, ein Hund, der mir die Hände leckt oder bellt, ein Werner, der die liebkosende Zunge schätzt und das Bellen hasst. Insbesondere wenn der Postbote kommt...

Natürlich gebietet Werner seinem Hund: Still jetzt! Wenn der Postbote klingelt und das Bellen und Knurren beginnt. Und wenn Werner vergisst, die Korridortür zu schließen und der Hund auf den Postboten zurennt und ihn derart aggressiv anbellt, dass er, der ja nicht weiß, dass Sissi nur bellt und nicht beißt, ängstlich zurückschreckt, worauf Werner den Hund mit harter Hand am Halsband packt und ihn ins Wohnzimmer schleift, so ist all das genau das, was ich bin.

Aus einem einzigen einfach verständlichen Grund:

| Außer mir ist einfach keiner! Ich bin und sonst nichts. |
| --- |

Und wenn dem so wäre – ich formuliere bewusst hypothetisch für jene, die unwissend sind oder zweifeln - wenn dem also so wäre, dann würde dies für mich ebenso zutreffen wie für dich.

Es gibt nämlich nur einen unwesentlichen Unterschied zwischen uns beiden: Das, was ich bin, erscheint mit zwei unterschiedlichen Körpern. Und aus diesem Grund sieht das, was ich bin, mit dem Körper, der auf den Namen Werner reagiert, anders auf die Welt als mit dem, den du meinen nennst! 7,5 Milliarden verschiedene Körper, 7,5 Milliarden verschiedene Perspektiven. Und das ist nur die Anzahl der Perspektiven, aus der das, was ich bin, durch das Human Animal wahrnimmt. Aber da sind ja noch x andere Animals. Nicht zu vergessen die Plants.

Abrakadabra, Simsalabim!

So entsteht das, was wir Welt zu nennen gewohnt sind. Doch in Wahrheit entsteht nichts. Entstand nichts. Wird nie was entstehen. Was wir als Universum bezeichnen, ist nur nicht bewusst. Daher fehlt dem Wort „Sein" etwas. Nämlich das Wörtchen „bewusst". Denn ohne dass Sein bewusst wird, gibt's keins. Wird es aber bewusst, bedarf es weder des Urknalls noch der Evolution. Nicht einmal der Schöpferhand Gotttes.

Oh, ich existiere, ich bin!

Einzig das muss passieren, um Welt „erscheinen" (nicht entstehen) zu lassen! Bewusstsein, das aus dem Schlafe erwacht. Aus der Ruhe. Dem Nicht-Sein. Dem Stand-by-Modus, sag ich auch gern.

Und sofort, mit einem Schlag, ist sie da. Diese Welt. Dieses Universum. All das, was kreucht und fleucht auf der Erde und sich im

Meer tummelt. Und spätestens ab 2040 (so will es zumindest die Schweiz) ist es mucksmäuschenstill auf unseren Straßen. Kein Motorenlärm mehr. Elektroautos. Summen wird es nur noch, als wäre ein Bienenschwarm unterwegs. Halleluja!

Es war vor ungefähr 30 Jahren, als ich diese „geräuschlose Welt" in einer Art Vorausschau sah. Oder im nächtlichen Traum, ich weiß es nicht mehr. Und ich dachte: Wenn die Menschen in 100 Jahren eine Dokumentation über unsere Zeit sehen, werden sie den Kopf schütteln. Wie konnten die nur so leben? In diesem Gestank, mit diesem Lärm?! Und ich sah sie im Geiste bereits, diese Autos, die keinen Lärm und keinen Gestank machen werden. Und die Menschen sahen entspannter, glücklicher aus. Sie lasen sogar die Zeitung in ihren Fahrzeugen. Und so wird es tatsächlich kommen, wenn erst Roboterautos fahren. Wer hätte sich das damals vorstellen können?

Ich werde das nicht mehr erleben. 2040 wäre ich 91. Oh Lord! Wenn ich Männern in diesem hohen Alter begegne, zumeist gebückt, sich nur noch langsam fortbewegend, am Stock, wenn sie nicht schon im Rollstuhl sitzen oder am Rollator gehen; das Reden fällt ihnen schwer, die Stimme zittert, denkt sich: *Nee, bitte nicht, lieber Gottt! Lass diesen Kelch an mir vorübergehen!* Wobei mir bewusst ist, dass dieses Gebet so sinnlos ist wie ein Kropf...

Der Nachfolger dieses Bodyminds aber, aus den sowohl ausgereiften als auch unvollendeten Komponenten dieses Bodyminds zusammengefügt, der wird es erleben, ja, der erlebt es sogar. Im ewigen Jetzt. Weil Zeit Illusion ist. Höchstwahrscheinlich ohne sich an seinen Vorgänger erinnern zu können! Und das ist auch gut so. Welch eine Bürde, wenn wir uns an alle Vorgänger, vor allem aber alle Vorgänge, die notwendig waren, um den gegenwärtigen Bodymind erleben zu können, erinnern könnten! Ich bin dankbar, dass ich mich nicht einmal an viele Ereignisse *in diesem Leben* zu erinnern vermag. Sonderlich jene, die nicht angenehm waren!

Das, was ich bin, wird im nächsten Körper ebenso sein wie in diesem. Vollkommen identisch. Das, was ich bin, ist freilich auch in allen gegenwärtig wahrnehmbaren Körpern identisch. Sogar in allen Eichen. Pappeln. Birken. Fichten. Und sogar... Zwergtannen. ☺ Merkst du's? Ich komme ins Blödeln. Ich werde zum Kind. Mit leuchtenden Augen seh ich in eine Welt, in der das, was ich bin, alles ist, was erscheint.

# Teil IV

Du möchtest die Ruhe der Seele,
aber der Versuch, sie zur Ruhe zu bringen,
gleicht dem Versuch, Wellen mit einem Bügeleisen zu beruhigen.

Alan Watts

# Komfortabel (zeit)reisen

*Als Vorstellungen sind die Begriffe von Nichtsein, Leere, Nicht-Existenz und so weiter sinnlos und tatsächlich leer. Sie sollen nur anzeigen, dass das Ende der Straße erreicht ist und der Reisende umzukehren hat – um herauszufinden, dass er schon zuhause, an seinem Ziel ist.*

*Das Offenbare Geheimnis, S. 132*

Dieses Zitat führte zu folgendem Gespräch, das wir nun „belauschen" wollen:

Wer ist denn der Reisende? (Fragt der, der das Zitat niederschrieb, also der Autor.)

*Der Mensch, der geboren wird und stirbt! (Antwortet jemand, dessen Name ungenannt bleibt.)*

In gewisser Hinsicht! Aber wenn er nur eine Marionette ist, sitzt er doch sozusagen in der Eisenbahn oder im Flieger und kommt nirgendwo anders an, als der Fahrplan es vorsieht!

*Verstehe! Aber wer reist denn dann eigentlich?*

Darauf kann es verschiedene Antworten geben.

*Dann beginn doch bitte mal bei der ersten!*

Die erste könnte auch die letzte sein. So heißt es ja auch: Die Ersten werden die Letzten sein. ☺

*Du beliebst wohl zu spaßen!*

Nahezu immer. Man reist ja auch zum Spaß. Oder nicht?

*Nicht zwingend. Man könnte auch auf der Flucht sein!*

Da sagst du was! Denn auf der Flucht ist auch der, der in den Urlaub reist oder andere Länder bereist, um Abenteuer zu erleben!

*Auf der Flucht vor wem oder was?*

Auf der Flucht vor sich selbst. Also vor dem, was er nicht ist.

*Klingt paradox.*

Die Reise an sich ist paradox. Weil du nie, nie, nie irgendwo anders ankommen kannst als dort, wo du bereits bist, immer warst, immer sein wirst.

*Und wo bin ich?*

ZUHAUSE!

*Dann bräuchte ich ja gar nicht zu reisen!*

Doch, unbedingt. Denn wenn du nicht reist, kannst du unmöglich realisieren, dass du immer zuhause bist!

*Das verstehe, wer will!*

Wie könntest du, ohne zu existieren, feststellen, dass du in Wahrheit nicht existierst?

*Aber wie sollte ich denn existieren, wenn ich nicht existiere?*

Etwas, das erscheint, muss nicht zwingend existieren. Wie die animierten Figuren jedes Computerspiels unter Beweis stellen. Wie „lebensecht" sie auch wirken mögen!

*Und ich bin nur so eine animierte Figur?*

So ist es. Und sie erscheint in der Leere.

*Wenn ich dich richtig verstehe, ist der Sinn der Reise herauszufinden, dass ich mich, wie weit und wohin ich auch reise, niemals von zuhause entferne?*

Nicht zwingend. Den meisten Figuren bleibt das verborgen.

*Und wozu werden sie dann überhaupt „animiert"?*

Wozu wird eine Eintagsfliege animiert, die sich 3 Jahre im Wasser entwickelt, um dann nach einem Tag, der ausschließlich der Reproduktion dient, das Zeitliche zu segnen? Diese Frage kann nicht beantwortet werden. Für dich ist die Frage jedoch offenbar relevant. Und daher stimmt deine Schlussfolgerung nur für dich. Du findest heraus, dass du einer Schnecke gleichst, die ihr (Zu)Haus(e) immer bei sich trägt. Wenn du mir diese nicht gänzlich zutreffende Metapher erlaubst.

*Und wenn die Reise endet, verkriecht der Reisende sich wohl in sein Schneckenhaus? Um bei der Metapher zu bleiben.*

Nein, das ist völlig unmöglich. So wie es der Schnecke unmöglich ist. Um sich zu ernähren und zu vermehren, kann sie nicht dauerhaft im Schneckenhaus bleiben.

*Und was ist dann der Unterschied zu vorher?*

Nur einer: Du bist nun gewiss, dass du während der ganzen (Zeit)Reise zuhause bist. Nie anderswo warst und nie anderswo sein wirst. Das ist die erste und auch die letzte Antwort auf deine Frage.

# Hypothetische Tränen

*Leben ist nichts als Manifestation, die sich im Kontext der Raumzeit entfaltet und gänzlich hypothetisch ist. In Wirklichkeit gibt es kein wie auch immer geartetes Ding, das anfangen und aufhören, geboren werden und sterben könnte, und unsere Erfahrung ist ein psychisches Phänomen.*

*Ein langes Leben, und dazu noch ein lustiges! Natürlich, warum auch nicht? Aber kommt es darauf an? Kümmern wir uns denn um das lange Leben von Fischen?*

*Das Offenbare Geheimnis, S. 83*

Naturfilme, Tierfilme sehe ich gern. Unvermeidlich, dass dabei auch Tiere während der Jagd gezeigt werden. Beim Töten und Verspeisen anderer Tiere, die schwächer, weniger klug oder langsamer sind.

Vom Standpunkt voneinander getrennter Objekte ist dem zuzusehen freilich ein Graus! Siehst du jedoch in allem das Eine, ist dieses „Fressen und Gefressen-Werden" ein Liebesakt. Das Gnu gibt sich dem Löwen hin. Der kleine Fisch einem großen. Das Insekt dem Frosch. Der Frosch dem Storch. Und so weiter.

*Ich habe noch nie gesehen, dass sich ein Tier dem anderen zum Verspeisen hingibt! Im Gegenteil: Sie laufen weg, sie verstecken sich, sie wehren sich, sie tun alles, um den Tod zu vermeiden!*

Dieses Verhalten ist dem Überlebenstrieb geschuldet. Natürlich kommt der Frosch nicht zum Storch, sagt: „Du hast mich doch zum Fressen gern, oder?!" und legt sich hingebungsvoll, seine vier Beine weit von sich gestreckt, auf den Rücken!

Früher fragte ich mich, wieso Lebewesen überhaupt (fr)essen müssen, um überleben zu können. Warum sind wir nicht so angelegt, um von Luft und Liebe leben zu können? Oder von Prana (also Lichtnahrung, was ja offenbar möglich ist, wie es der Esoterikerin Jasmuheen anscheinend seit vielen Jahren gelingt)?

Es ist jedoch müßig, sich diese Frage zu stellen, denn die Natur funktioniert offenbar nach dem Prinzip „fressen und gefressen werden". Und es erscheint uns nur dann als Problem, wenn wir das Leben auf vordergründige Weise betrachten.

*Leben ist nichts als Manifestation, die sich im Kontext der Raumzeit entfaltet und gänzlich hypothetisch ist. In Wirklichkeit gibt es kein wie auch immer geartetes Ding, das anfangen und aufhören, geboren werden und sterben könnte, und unsere Erfahrung ist ein psychisches Phänomen.*

Was bedeutet „hypothetisch" im Kontext dessen, was wir Leben nennen? Dass es in Wahrheit keins gibt. Und nicht einmal das, was wir als Universum bezeichnen. Alles ist nur so vorhanden, als ob es vorhanden wäre. Rein hypothetisch also.

Jemand denkt über die Zukunft nach. Wie sich das Leben auf der Erde in 500 oder 1000 oder 10000 Jahren gestalten könnte. Und aus diesen Gedanken entsteht ein Drehbuch und später ein Film im 3D-Format. Nichts davon wäre Realität. Denn alles, was wir im Film erleben würden, wäre... rein hypothetisch!

Was wäre, wenn...

Das meint Terence Gray. Das Ding hier ist eigentlich Kein-Ding. Es ist gänzlich phänomenal. Nicht nur im Sinne von aufsehenerregend oder beeindruckend, sondern vor allem im Sinne von „sich der Wahrnehmung darbietend". „Phänomen", ein sich Zeigendes, ein Erscheinendes.

Und schon sieht die Welt, sieht das Fressen und Gefressen-Werden, sieht auch unser Schmerz ganz anders aus, weil sich die Geliebte nach nur zwei Wochen „großer Liebe" von uns verabschiedet hat. Sogar unsere Tränen erscheinen uns anders. Denn sie werden natürlich geweint. Sie trocknen nur schneller. Jedoch selbst dann, wenn sie nicht schneller trocknen, wären es rein hypothetische Tränen. Weil klar ist: Dieses Ding hier ist Kein-Ding! Das Ding hier ist phänomenal! Nur eine Erscheinung.

Klar soll das Leben lustig und lang sein! Das steht außer Frage! Die Frage ist vielmehr, ob wir uns darum kümmern! Oder gar bekümmern! Ob ein Fisch lange oder kurz lebt, bekümmert uns doch auch nicht. Warum? Weil es nicht „mein" Leben ist, nicht wahr? In Wahrheit jedoch gibt's auch „mein Leben" nicht. Denn beide Leben sind rein hypothetisch. Nur so, als ob es eins oder zwei oder unzählige gäbe.

Um was kümmerst du dich? Um die Wahrheit oder um dich? Womit ich nicht sagen will, dass die, die sich um die Wahrheit kümmern, sich nicht um sich selbst kümmern (sollten). Die Prioritäten verschieben sich aber. Du bist dir nicht mehr so wichtig wie zuvor. Stehst nicht mehr im Mittelpunkt deines Interesses. Es geht dir nicht mehr in erster Linie darum, dass die Wahrheit „dich" frei macht. Das funktioniert ohnehin nicht. Denn die Wahrheit lässt sich nicht vereinnahmen. Sie vereinnahmt vielmehr dich! Und das Resultat ist dann Freiheit. Allerdings nicht jene, welche die meisten mir bekannten Satsang-Lehrer verheißen! Denn die ist phänomenal. Bezieht sich auf das Objekt(chen). Sie hat nichts zu tun mit der Freiheit als Ergebnis der Vereinnahmung durch die noumenale Wahrheit.

Was (wert)schätzt du im Leben am meisten? Deine Familie? Deine Freunde? Deinen Job? Deine Umgebung? Dein Aussehen? Anerkennung durch andere Menschen? Deinen Erfolg? Deine Freizeit? Dein Hobby? Oder die Wahrheit?

Bitte denk nicht, du *müsstest* oder *solltest* die Wahrheit mehr (wert)schätzen als alles hier Aufgezählte! Darum geht's nicht. Darum geht's überhaupt nicht. Schon deshalb nicht, weil du's gar nicht kannst!

Es ist nur so, dass der Grad der Wertschätzung der Wahrheit über den Grad der Freiheit entscheidet, den du erfährst! Daher wiederhole ich mich gern, wenn ich sage: Kümmere dich nicht um Freiheit,

Erwachen, Erleuchtung, den Switch, Desillusionierung, Dekonditionierung.

> Wertschätze einfach die Wahrheit!
> Genieße sie. Liebe sie. Liebkose sie.
> Iss sie, trink sie, lass dich von ihr durchdringen.
> Denk nicht darüber nach, wie
> „fortgeschritten" oder „zurückgeblieben" du bist!

Es ist ähnlich wie in einer Partnerschaft. Wer den Partner ständig fragt: Liebst du mich noch? Oder sich selbst: Liebe ich ihn/sie noch? Hat sich unsere Liebe vertieft? Empfinde ich noch so leidenschaftlich wie zu Beginn? Und wenn nicht, was kann ich tun, damit sie wiederbelebt wird? Verbringen wir genügend Zeit miteinander? Haben wir uns entfremdet? Passen wir noch zueinander? Und wenn ihr nicht mehr so oft Sex habt wie zu Beginn: Ist das nicht ein Zeichen, dass wir uns nicht mehr so intensiv lieben?

Wer sich auf dieser Linie befindet, wer sich also mehr um die Ergebnisse der Liebe als um die Liebe selbst kümmert, der kann in diesem Spiel nicht gewinnen.

Wenn's nicht mehr passt, trennt euch! Hast du dieses Empfinden aber nicht, wertschätze deinen Partner, liebe ihn einfach! So gut du es kannst! Ohne all diese müßigen Fragen zu stellen. Das entzweit nur. Glaub mir, ich habe damit jede Menge Erfahrung! ☺

Liebe diese Worte, weil sie auf die absolute Wahrheit verweisen! Mach dir keinen Kopf, ob du alles verstehst oder richtig verstehst! Du musst sie nicht erfassen! Sie erfasst dich, während du liest.

## Undramatische Kurskorrektur

*Obwohl Noumenon alles ist, was sie[13] sind – und trotz der Tatsache, dass sie folglich darin nichts zu erreichen, zu erfassen oder zu besitzen haben -, müssen sie sich ent-phänomenalisieren, sich ent-objektivieren und ihre Subjektivität von ihrer projizierten Selbstheit, die von der Vorstellung eines Ich beherrscht wird, ent-identifizieren...*

*Dieser Kurskorrektur hat man viele Namen gegeben, aber sie ist dennoch kein Ereignis, keine Erfahrung – denn außer der Erscheinung gibt es kein Objekt, dem so etwas widerfahren könnte. Es ist eine Metanoesis[14], bei der man entdeckt, dass erfundene Bindungen oder Identifizierungen weder existiert haben noch jemals existieren werden – eben, weil es sich um Erfindungen handelt. Diese Metanoesis beinhaltet eine Verschiebung der Subjektivität vom scheinbaren Objekt zum letztendlichen Subjekt, vom Phänomen zum Noumenon, von der illusorischen Peripherie zur illusorischen Mitte, (denn Unendlichkeit kann keine Mitte haben), vom angenommenen Individuum zum universalen Absoluten.*

Das Offenbare Geheimnis, S. 31

Nach obligatorischer Gymnastik, Pilleneinnahme und einer Tasse Kaffee öffne ich beide Fenster im Atelier und seh hinaus in die Landschaft. Links der Mischwald, davor die Wiese, sattgrün. Darüber eine herrlich langgestreckte Wolke, gleichermaßen gefüllt mit Dunkel und Licht. Innen eher dunkel, an den Rändern das gleißende Licht. Auf der anderen Seite ein sanft ansteigender Hügel, Weinberge, Strommasten, Obstbäume. Und direkt vor mir einige Einfamilienhäuser in verschiedenen Farben. Rosa, Rot, Grau und Weiß. Gärten. Außer dem Tschilpen einiger Sperlinge ist nichts zu hören heute Morgen, Sonntag, 30. Juli 2017, 6:42 Uhr.

---

[13]     Die phänomenalen Objekte

[14]     Sinnesänderung, Umkehr, Verwandlung

Und während ich rausschau in „meinen Erlebniskosmos", erscheint die Information: Das bin ich! Niemand anderes als ich. Das alles. Phänomenal! Und zwar in beiden Bedeutungen des Wortes:

1.    Bewunderungswürdig, erstaunlich!

2.    Den Erscheinungen zugehörig.

*Warum muss Terence es nur so kompliziert ausdrücken*, schrieb mir kürzlich ein Leser, *dich versteh ich, ihn nicht. Erst wenn du ihn für mich übersetzt!*

Nun, ich habe de facto die Gabe erhalten, komplex oder gar kompliziert anmutende philosophische Aussagen auf ein Niveau runterzudampfen, welches auch der nicht akademische Mind zu kapieren vermag. Obgleich auch der (verkopfte) Akademiker nicht zwingend versteht, was Terence in obigem Zitat in meiner Wahrnehmung höchst präzise definiert.

Mein Eindruck ist also nicht, es sei kompliziert. Im Gegenteil: Wenn man seine Termini[15] kennt, ist er leichter zu verstehen als die meisten Akademiker in ihrer Fachsprache. Und auch leichter als viele so-called Erleuchtete.

Gerade verjagte ich eine Biene aus dem offenen Fenster, weil mich ihr eintöniges Brummen störte. Der Mind verführt uns dazu anzunehmen, diese „Verschiebung", wie Terence die bombastisch klingenden Worte „Erwachen" oder „Erleuchtung" bezeichnet, sei in der Erfahrung so dramatisch wie, sagen wir mal, die Wirkung von LSD. So dass dich das Brummen einer Biene nicht stört. So dass dich überhaupt nichts mehr stört. Nicht einmal, wenn sie dich sticht.

Mich können noch wesentlich geringere Dinge stören als das Brummen einer Biene! Deine Erlebniswelt als solche verändert sich nicht durch die „Kurskorrektur". So dass es mir schwerfällt, das Wort

---

[15]    Die Menge aller Termini eines Fachgebietes, die Benennungen aller Begriffe, **bildet** die jeweilige fachspezifische **Terminologie** oder den **Fachwortschatz**. (Wikipedia)

„Veränderung" überhaupt zu gebrauchen. Nicht deshalb, weil's keine gäbe, sondern weil das Wort eine unzulässige Assoziation auslöst bzw. auslösen kann.

Welcher Gedanke stellt sich ein, wenn du liest: *Und während ich rausschau in „meinen Erlebniskosmos", erscheint der Gedanke: Das bin ich. Niemand anderes als ich. Das alles. Phänomenal!*

So möchte ich die Welt auch sehen können! Ist es dieser Gedanke? Oder denkt sich: So klar seh ich das (noch) nicht! Oder: Ich versteh, was gemeint ist, aber so eine Information erscheint nicht in mir, wenn ich in die Welt schau!

Lass mich dir eine wichtige Frage stellen: Kannst du das, was sieht, von dem, was gesehen wird, trennen? Ich frage nicht: Kannst du es unterscheiden? Denn unterscheiden kannst du es freilich. So wie ich meine Person von den Tasten unterscheiden kann, auf die meine Finger tippen. Trennen aber kann ich meine Person von den Tasten nicht. Selbst wenn meine Finger nicht auf sie tippen, sind sie nicht von ihnen „getrennt". Sie sind immer noch da, jederzeit bereit, wieder gebraucht zu werden. Meine Finger befinden sich lediglich auf Distanz. Nichts ist voneinander getrennt. Alles hängt mit allem zusammen. Nicht wahr?

Schau ich aus dem Dachfenster raus, sehe ich Gärten, Hügel, Wald, Wiese, Bäume, Weinberge, Strommasten, Wolken am Himmel, Häuser in verschiedenen Farben. All das ist unterscheidbar, deswegen gibt's verschiedene Begriffe dafür. Voneinander trennbar ist's aber nicht. Denn sobald *etwas* erscheint, erscheint *alles zusammen*. Selbst wenn es nicht ins Blickfeld gerät.

Das, was sieht, kann ich freilich - ebenso wie das eben Aufgezählte - von dem, was gesehen wird, unterscheiden. Ist es deshalb auch trennbar? Mitnichten. Daher muss es sein, was ich bin. Ich als das, was sieht! Ich schreibe bewusst nicht: Ich als der Seher! Es wäre nicht gänzlich falsch, aber es personifiziert „das, was sieht". Und das könnte ich nur schreiben, wenn nicht klar wäre, dass das, was sieht, nicht personifiziert werden kann.

Wenn klar ist, dass das, **was sieht,** niemals getrennt ist von dem, **was gesehen wird**, kann ich denn dann überhaupt noch **nicht** sagen: Ich bin die Welt? Oder: *Das bin ich. Niemand anderes als ich. Das alles.*

Wir können zwar zwischen Phänomenon und Noumenon – also dem, was gesehen wird, und dem, was sieht, - *unterscheiden*. Trennen können wir es aber nicht. Denn Sehen bedingt ja, das „etwas" erscheint. Sonst wäre der Begriff „Sehen" unangebracht.

Und wenn du mich (oder dich selbst) nun fragen würdest: „Was ist das, was sieht?", kann ich dir und kannst auch du dir keine vernünftige Antwort geben. Denn das, was sieht, ist jenseits von dem, was gesehen wird. Stimmt's? Es ist in jedem Fall kein Objekt. Wäre es eins, könnte es unmöglich das sein, was sieht. Das Auge sieht sich nicht selbst. Außer du siehst in den Spiegel. Doch selbst dann werden nur Augen gesehen. Also wiederum nur Objekte. Das, was mit ihnen oder durch sie sieht, bleibt dem Auge verborgen.

Theoretisch kannst du einen Spiegel von dem unterscheiden, was in oder auf ihm erscheint. Praktisch ist es unmöglich. Sobald auf dem Spiegel ganz gleich was erscheint, ist der Spiegel scheinbar eins mit dem, was er spiegelt. Obgleich er mitnichten eins mit ihm ist.

Du siehst dich im Spiegel. Ohne ihn könntest du dich nicht sehen. Jedenfalls nicht dein Gesicht, deine Augen. Ohne dein Auge, das sich im Spiegel sieht, würde und könnte der Spiegel dein Auge nicht spiegeln. Ohne dass du in den Spiegel siehst, wäre er leer. Siehst du jedoch in den Spiegel, wird nicht seine grundlegende Leere gesehen, sondern das, was in ihn hineinsieht. Doch das, was in ihn hineinsieht, ist gleichzeitig das, was gesehen wird. Sehr einfach. Oder?

Und genau das passiert, wenn du in die Welt siehst. Das, was gesehen wird, könnte ohne das, was (sie) sieht, nicht(s) sehen. Folglich musst du sein, was du siehst. Phänomenal. Denn als das, was sieht, bist du nur insofern das, was gesehen wird, als es dem, was sieht, erscheint. Daher bezeichnen wir das, was sieht, als Noumenon und das, was gesehen wird, als Phänomenon. Unterscheidbar, jedoch unmöglich trennbar!

# Du und dein Partner sind das eine Selbst

Wenn das Subjekt schaut – sieht das Subjekt ein Objekt. Wenn man das Subjekt sieht, wie es ein Objekt schaut, wird das Subjekt ein Objekt und ist nicht länger Subjekt!

Wenn das Subjekt sich selbst schaut, sieht es nicht länger irgendetwas, denn da kann es nicht irgendetwas zu sehen geben – weil das Subjekt, das als Subjekt kein Objekt ist, nicht gesehen werden kann...

Dies ist die Transzendierung von Subjekt und Objekt – das ist reine Istheit. Das ist, was wirklich ist, die völlige Abwesenheit, welche die Anwesenheit von allem ist, was zu existieren scheint.

Vielleicht könnte man dies besser formulieren, aber es kann nur wenig mehr gesagt werden.

Das Offenbare Geheimnis, S. 96

Besser kann ich's wahrscheinlich nicht formulieren. Einfacher aber womöglich. Mal sehen, ob es gelingt. Und gleichzeitig vermag dieses Kapitel den Unterschied zwischen Unterscheiden und Scheiden zu klären.

Schaust du dir etwas an, sagen wir mal, einen Stern am nächtlichen Himmel, dann schaut das, was wahrnimmt (Subjekt), ein Objekt an.

Schaust du dir als das, was wahrnimmt, selbst dabei zu, wie du als das, was wahrnimmt, den Stern am nächtlichen Himmel betrachtest, machst du dich als das, was wahrnimmt, zu einem Objekt. Das Subjekt wird nämlich zum Objekt (der Betrachtung).

Schaust du (als das, was wahrnimmt) den Stern an, ohne dein Anschauen vom Angeschauten zu scheiden (im Sinne von trennen), kannst du den Stern nicht mehr als „etwas" außerhalb oder weit entfernt von dir selbst betrachten. Daher ist der Stern, was du bist. Und er ist deshalb das, was du bist, weil du dich selbst nicht (mehr) als Subjekt siehst, das ein Objekt betrachtet. Denn nur so wird aus dem Subjekt ein Objekt.

Und so verschwinden sowohl Objekt als auch Subjekt, und was bleibt, ist einfach, was ist. (Was Terence als reine Istheit bezeichnet.)

Wegen der Abwesenheit dessen, was schaut, und dessen, was angeschaut wird – Subjekt und Objekt – „entsteht" reine Anwesenheit (eines Sterns oder was auch immer).


Ichlosigkeit bedeutet nicht etwa Freigiebigkeit, Freizügigkeit oder Barmherzigkeit, sondern das Verschwinden von Subjekt und Objekt in der Wahrnehmung. *Ich hier und das dort* „unterscheiden" zu können, ist zur Orientierung unentbehrlich. Führt das Unterscheiden aber zum Scheiden, zur Trennung, brauchst du dich nicht zu wundern, wenn es dir dreckig geht und es in einer Partnerschaft womöglich zur Scheidung kommt.

Du und dein Partner sind das eine Selbst. Scheinbar seid ihr zwei, in Wahrheit jedoch seid ihr nicht-zwei: Advaita. Als das eine Selbst bist du beides. Wessen willst du das Selbst beschuldigen?

Deinen Partner kannst du freilich fragen: Weshalb bist du so oft unterwegs und lässt mich allein? Ich wäre gern öfter mit dir zusammen! Wenn du ihn aber vorwurfsvoll fragst, wie er nur so herzlos sein kann, dich ständig allein zu lassen, und dass du das nicht mehr länger mitmachst, machst du dich zum Subjekt und ihn zum Objekt. Und schon ist die Kacke am Dampfen!

Ihr seid jedoch beide „Subjekt, das als Objekt erscheint". Und Objekte handeln ebenso wenig wie die Sterne am Himmel. Nicht einmal (das) Subjekt handelt. In der reinen Istheit sind die Dinge einfach so, wie sie sind.

Und sind die Dinge in der Wahrnehmung so, wie sie eben mal sind, wird zwar unterschieden zwischen Alleinsein und Beisammensein, aber du bringst es nicht mehr fertig, dem Partner einen Vorwurf zu machen, dass er dich so oft allein lässt. Weil du zwischen Alleinsein und Beisammensein unterscheidest, wirst du (vermutlich) deine Betroffenheit äußern. Und womöglich sogar die Konsequenz ziehen, sollte sie ihm am Arsch vorbeigehen. Ihn verlassen nämlich. Oder ihn bitten, dich zu verlassen, wenn dir die Wohnung gehört. Anklagen wirst du ihn aber nicht. Nicht weil du ein freundlicher Mensch bist, sondern weil du die Dinge so siehst, wie sie sind. Nicht so, wie sie sein sollten!

So praktisch und alltagstauglich ist das Sehen dessen, was ist, oder die Istheit, die Subjekt und Objekt transzendiert.

# Das Dao in der Praxis

*Da war nie eine Henne, die ein Ei gelegt hat – aber eine große Menge von Eiern ist von Hennen gelegt worden.*

*Da war nie ein Mensch, der ein Buch geschrieben hat – aber eine große Menge von Büchern ist von Menschen geschrieben worden.*

*Kein Wesen hat jemals irgendetwas getan – aber zahllose Taten sind ausgeführt worden.*

*Die Einfache Erkenntnis, S. 71, Terence Gray alias Wei Wu Wei*

Da war auch nie ein Mensch, der einen Betrug beging – der Betrügereien aber sind und waren mindestens so viele wie Sandkörner an allen Stränden der Meere!

Und der Oberbetrüger ist Gottt! Denn ohne den genialen Selbstbetrug Gotttes existierte die Welt nicht! Gottt muss sich sozusagen selbst hinters Licht führen, um eine Eintagsfliege zu sein, ein Käfer zu sein, eine Legehenne, ein Hund und - wen würde es wundern - natürlich auch Mensch!Gerade erhielt ich ein Feedback auf mein Buch „Das Schicksal ist alles": *Vielleicht lebst du gut mit dem Schmäh... Ihr seid alle Betrüger! In der realen Welt würdet ihr alle schon sitzen wegen Betrugs!*

„Böses" Feedback, nicht wahr? „Gut" daran ist, dass dieser Text dabei rauskam. ☺ Ein weiteres Indiz für meine Behauptung, dass Gottt gut ist und dass alles Böse immer nur dazu dient, sein Gotttsein respektive Gutsein unter Beweis stellen zu können.

> Nie passiert etwas Böses, ohne dass sich das in ihm verborgene Gute manifestiert.

Manchmal musst du jedoch ziemlich lange drauf warten. Von 1933 bis 1945 herrschten die „bösen" Nazis in Deutschland und stürzten die

Welt ins Verderben. Was sind aber 12 Jahre Chaos und Krieg gegenüber bisher mehr als 70 Jahren „gutem" Frieden in Europa?! Niemals wäre ein derart stabiler Frieden möglich gewesen ohne den Wahnsinn und die „bösen" Folgen des Nationalsozialismus!

Es sieht ganz so aus, als wäre Venezuela jetzt dran! Maduro ist zweifelsfrei ein Diktator. Die Türkei mit Erdogan befindet sich schon seit Längerem auf diesem unheilvollen Weg. Wladimir Putin mit Russland noch länger. Und wenn Mr. Trump könnte, wie er wollte, wäre Amerika wahrscheinlich auch schon eine Autokratie.

So „böse", wie man sie macht, ist Autokratie jedoch nicht. Sie ermöglicht vor allem flotte Entscheidungen. Jedes erfolgreiche Unternehmen wird autokratisch, nicht etwa demokratisch geführt! Der Mann oder die Frau an der Spitze lässt sich zwar von Experten und Mitarbeitern beraten, die Entscheidungen aber liegen bei ihm/ihr und bei niemandem sonst! Und ein Veto der Berater oder Mitarbeiter ändert, anders als das Veto einer Mehrheit von Abgeordneten im Parlament, daran gar nichts!

Allerdings bedürfte es eines *wohlwollenden* Autokraten an der Spitze eines Staates. Am besten eines Weisen. Der genau weiß, was hier eigentlich abgeht! So wie es Terences Weisheit im Eingangszitat beschreibt. Ist der Autokrat aber ein egoistischer Drecksack mit dem Weitblick eines Frosches im Brunnenschacht, ist Demokratie freilich die weitaus bessere Alternative, weil die Mächtigen der Kontrolle unterliegen.

Manifestation jedenfalls beruht gänzlich auf Selbstbetrug! Denn in Wahrheit gibt's keine Materie und somit auch keine Objekte. All das, was wir sehen, hören, schmecken, riechen, betasten, denken und fühlen, ist das Ergebnis eines genialen Zaubertricks, in dem das, was nicht ist, so tut, als wäre es etwas!

Glaub mir, ich weiß, wie das klingt! Insbesondere in den Ohren derer, die mit dieser Behauptung zum ersten Mal konfrontiert werden. Nur in „wachen" Momenten fällt es einem wie Schuppen von den Augen: Das kann doch alles nicht wahr sein! Erdogan ließ seit dem Putsch im Juli 2016, also vor erst ungefähr einem Jahr (zum Zeitpunkt des Schreibens dieses Buches), 50.000 Menschen wegsperren! Madame Merkel ließ im Jahr 2015 über eine Million Flüchtlinge über die Grenze. Und sperrt sich noch immer gegen eine Obergrenze, obgleich mittlerweile auch den blauäugigsten und ignorantesten Gutmenschen klar sein sollte, dass wir das Flüchtlingsproblem nicht lösen werden, indem Deutschland (oder andere europäische Länder) alle Flüchtlinge aufnimmt! Insbesondere die nicht, welche die menschenverachtende Scharia über unsere Gesetze stellen.

Erscheinen uns diese und natürlich auch viele andere Ereignisse, die uns die Medien täglich servieren, nicht ebenso irreal wie die in einem Alptraum? Doch vergiss bitte nicht, dass der Alptraum nur eine Seite der Medaille ist. Die andere ist: Die europäischen Länder bekriegen sich seit ca. 70 Jahren nicht mehr! Wir leben in einem Wohlstand und einer Freiheit, wie sie in der Menschheitsgeschichte, zumindest auf der breiten Basis, wie wir sie erleben, einmalig ist! Die Menschen werden älter als jemals zuvor. Die tariflich abgesicherten Arbeitszeiten überfordern keinen mehr, wie das noch im 19. Jahrhundert der Fall war. In Deutschland hat jeder Arbeitnehmer Anspruch auf rund 30 Tage, also 6 Wochen Urlaub. Die Supermärkte sind vollgepackt mit Lebensmitteln. Ein Real-Supermarkt hat ca. 30.000 Artikel im Angebot. Und allein in Deutschland gibt es einschließlich Discountern und Drogeriemärkten ca. 36.000 Geschäfte! Damit stehen statistisch jedem Bürger 0,42 qm Verkaufsfläche zur Verfügung! Die wenigsten Deutschen laufen oder fahren mit dem Fahrrad dahin. Etwa 46 Millionen PKW sind in der BRD angemeldet. Um nur einige wenige der Privilegien aufzuzählen, die die andere Seite der Medaille beleuchten.

Allerdings ist es nur eine Frage der Zeit, bis die Kehrseite der Medaille wieder ihre hässliche Fratze zeigen wird. Aus meiner Sicht deutet alles darauf hin, dass der Islam und mit ihm der Rechtsradikalismus im Lande erstarken. Nicht heute, nicht morgen, aber übermorgen womöglich. Noch ist die Mehrheit der Deutschen viel zu satt, um die schleichende Ausbreitung destruktiver islamistischer Kräfte zu stoppen. Werden sie jedoch noch augenfälliger und berauben sie den deutschen Michel erst einmal vieler Privilegien, die er mehrheitlich noch immer in ausreichender Weise genießt, wird er höchstwahrscheinlich eine Partei wählen, die nicht allein die Obergrenze einführt, sondern auch bereit ist, auf Menschen schießen zu lassen, die unsere Staatsgrenze widerrechtlich übertreten. Pogrome, wie sie früher gegen Juden stattfanden, würden dann Muslime betreffen. Diskussionen für oder gegen die Burka würden zu diesem Zeitpunkt nicht mehr geführt werden. Muslimische Frauen (und ebenso Männer) wären vielmehr dankbar, wenn man sie auf der Straße nicht als solche erkennt. Moscheen würden dann ebenso brennen wie früher die Synagogen.

So ein Szenario scheint dir weit hergeholt und unrealistisch? Nun, wagen wir einen Rückblick! Noch keine 100 Jahre her. Was meinst du, wie viele Deutschen vor den Juden-Pogromen und dem Holocaust daran geglaubt hätten, dass diese unfassbaren Verbrechen jemals in Deutschland hätten stattfinden können? Außer einer Minorität.

Wer hätte noch vor 30 Jahren geglaubt, dass die innerdeutsche Grenze fallen würde? Außer einigen Idealisten. Ich befand mich nicht unter ihnen. Dramatische Wendepunkte in der Geschichte gab's immer wieder. Sie zeichnen sich zwar vorher ab, kommen jedoch oftmals über Nacht. Die Mauer fiel über Nacht! Die türkischen Gefängnisse begannen sich nach der Putschnacht zu füllen.

Bedenke jedoch: Weder Herr Erdogan noch Herr Trump regieren die Welt. Weder Herr Macron noch Frau Merkel. Das Dao regiert. Sie alle, dich und natürlich auch mich. *Kein Wesen hat jemals irgendetwas getan – aber zahllose Taten sind ausgeführt worden!*

# Teil V

Bewusstsein ist das, was es nicht ist, und nicht das, was es ist!

Jean-Paul Sartre

# Das Un(auf)findbare finden – I

*Du kannst keinen Täter irgendeiner Tat, keinen Denkenden irgendeines Gedankens, keinen Wahrnehmenden irgendeiner Wahrnehmung finden.*

*Das Un(auf)findbare ist alles, was wir sind, und das Un(auf)findbare ist das Gefundene.*

*Die Einfache Erkenntnis, S. 79*

Nach dem Lesen dieses Zitats ist jeder spirituell Suchende erledigt, am Boden zerstört. Es sei denn, er glaubt nun, genau das erst noch erkennen zu müssen! Oder noch tiefer erkennen zu müssen! Oder nicht nur intellektuell, sondern intuitiv erfassen zu müssen! In jedem Fall aber hat er das Empfinden, dass ihm noch etwas „fehlt".

Klar doch. Sonst wäre er ja nicht mehr. Er, der Sucher, mein ich. Und das darf nicht sein. Das kann vor allem sooo einfach nicht sein. Jahrelanges Suchen und Warten auf DAS. Und dann... einfach nur „feststellen", dass das, was gesucht wurde, schlicht das ist, was unauffindbar ist?

Wozu suchte ich denn dann? Wozu habe ich all die vielen Bücher gelesen? All die Meetings besucht? Wozu die Reisen nach Indien zu den erleuchteten Meistern? Wozu die vielen Stunden dunkler Verzweiflung und Angst? Die vielen Stunden in Meditation? War das etwa alles umsonst?

Ja und Nein! Jedoch eher... Nein.

Der Mensch, der nicht sucht, sagt ja grundsätzlich dasselbe: Gottt oder der Sinn des Lebens ist nicht (auf)findbar! Also lass ich's doch gleich, fang erst gar nicht damit an. Und dann lebt er sein Leben. Steht morgens auf, geht seiner Arbeit nach, sucht ein wenig Vergnügen, manchmal gelingt es, ein anderes Mal nicht, und abends geht er wieder zu Bett.

Das Ergebnis der Nicht-Suche klingt zwar identisch, ist jedoch unvergleichbar. Denn für den Suchenden bedeutet das Ergebnis Befreiung, für den, der nicht sucht, bedeutet es so viel wie überhaupt nichts.

Sich selbst als das Unauffindbare zu finden, ist für den Suchenden das Non-Plus-Ultra im Leben! Es ist in seiner Wahrnehmung von unschätzbarem Wert. Die Leere bedeutet ihm mehr als die Fülle. Was du ihm auch im Tausch anbieten würdest, er würde es lächelnd ablehnen. Er müsste nicht einmal darüber nachdenken.

Für den, der sich niemals auf die Suche machte und es daher (verständlicherweise) aus Vernunftgründen lässt, bedeutet die Erkenntnis, Gottt oder den Sinn des Lebens unmöglich finden zu können, so viel wie überhaupt nichts. Er würde sich im Tausch für den Verzicht dieser Erkenntnis höchstwahrscheinlich selbst mit läppischen 10 Euro zufriedengeben!

Sich nicht finden zu können, ist eine Sache. Eine ganz andere die, festzustellen, dass das Unauffindbare das Gefundene ist! Oh ja, ich bin unauffindbar. Und genau das BIN ICH. Das bin ich wirklich! Hurra! Halleluja!

Hast du schon jemals einen Atheisten ob der Erkenntnis Nietzsches „Gott ist tot" jubeln hören? Ich nicht. Denn da gibt's nix zu jubeln. Es ist eine deprimierende Erkenntnis: Die Welt, reiner Zufall. Nix dahinter. Ergebnis von Urknall und Evolution.

Da sind ja die bescheuerten Gläubigen noch besser dran! Denn die können zumindest noch glauben, dass Gott sie dereinst im Himmel empfängt und ihnen einen Platz zum ewigen Halleluja-Rufen und Palm-Wedeln zuweist! Sie müssen sich halt nur noch eine Weile gedulden und darauf achten, trotz all der Absurditäten des Lebens ihren Glauben an den lieben Gott nicht zu verlieren und sich möglichst strikt an seine

Gebote zu halten. Das ist allerdings auch ein ziemlich trauriges Leben! Spreche da aus eigener Erfahrung...

Wenn das, was unauffindbar ist, *gefunden wird*, ist das keine Tragödie, sondern ein Fest! Denn es beendet nicht nur die spirituelle Suche, sondern führt *in die vollkommene Stille, in der man die ganze Welt hört.* Das hat zwar der Dichter Kurt Tucholsky gesagt, es ist aber deshalb nicht weniger wahr! Man hört sie, die Welt, ist sie aber nicht mehr. Man ist in der Welt, jedoch nicht von der Welt.

Das Unauffindbare ist das Gefundene!

Nachdem ich über hohe Berge und durch tiefe Täler wanderte, wurde (heraus)gefunden, dass ich nie am Ziel ankommen werde und ankommen kann. Schlicht deshalb, weil ich schon immer am Ziel war. Immer zuhause. Ja, insofern war die Suche sinnlos, doch hätte ich das ohne sie herausgefunden? Und könnte ich (mich als) das Unauffindbare schätzen? Wohl kaum!

# Das Un(auf)findbare finden – II

*Du sagst, Gottt sei kein Objekt. Warum nicht?* Als Objekt ist Gottt einer von hundert objektiven Göttern. Siehst du nicht, dass es so sein muss?

*Diese Vorstellung ist mir nicht vertraut. Sind diese Götter nicht Götzen?*

Wenn Gottt begrifflich vorgestellt wird, ist Gottt nur ein Gottt unter vielen. Jede Vorstellung von Gottt ist ein Götzenbild. Gebete oder Opfergaben für ein Objekt, sei es materiell oder begrifflich, sind Gebete und Opfergaben für einen Götzen.

*Das ist anstößig und blasphemisch!*

Anstößigkeit und Blasphemie existieren nur in dem Bewusstsein, in welchem die Vorstellung davon entsteht. Ich lenke deine Aufmerksamkeit lediglich auf das, was eigentlich selbstverständlich sein sollte.

*Die Gegenwart Gotttes weist für mich auf die Gegenwart eines Objekts, eines Götzen hin.*

Oh weh, das habe ich befürchtet! Mit der Gegenwart Gotttes ist die Abwesenheit der Anwesenheit des Selbst gemeint - oder unsere immanente göttliche Natur.

Das Offenbare Geheimnis, S. 100-101


Terence war besessen! Schon bemerkt? Egal welche Seite du in einem seiner Bücher aufschlägst, geradezu penetrant verweist er auf das, was wir sind bzw. nicht sind: die Abwesenheit dessen, was als anwesend wahrgenommen wird! Nicht nur, was das Selbst angeht. Nicht nur, was Gott angeht. Es bezieht sich auf alles, jede Form, jedes Objekt!

Die Gegenwart Gottes! Wie sehr habe ich sie geschätzt, wenn sie da war! Und welch wunderbare Gefühle gingen mit ihr einher! So heilig, so erhebend, so entrückt! Was ich damals nicht wusste, war, dass ich mich lediglich in einer anderen Objektwelt befand. Zwar nicht mehr in der physischen, dafür jedoch in der metaphysischen Objektwelt.

Das war der Grund, weshalb sie sich verflüchtigen konnte. Und wieder (auf)gesucht werden musste. Und dafür waren bestimmte Orte vonnöten. Kraftorte nannte ich diese. Und Körperhaltungen waren mit ihr verbunden. Aufrechter Rücken, Schneidersitz, (den Lotussitz kriegte ich niemals hin). Geschlossene oder im Zazen halbgeschlossene Augen waren Bedingung.

Atem beobachten, Gedanken, Gefühle. Sich nicht identifizieren mit ihnen, sie nur wahrnehmen. Und wenn Identifikation geschah, sich wieder lösen. Zurück zum reinen Beobachten!

Oder in (neuen) Zungen reden. Osho nannte es Gibberisch. Auf Deutsch „Kauderwelsch". Man überlässt seine Zunge einer Macht, die wir „Heiliger Geist" nannten. Man redet einfach drauf los, in keiner verständlichen Sprache. Die dieser Übung innewohnende Power übernimmt dich nach einer gewissen Zeit und steigert sich oft in einen ekstatischen Zustand. Die Vernunft schaltet sich dabei ab, und in dieser gedanklichen Leere können grandiose Glücksgefühle entstehen. Manchmal mach ich das mit den Teilnehmern während meiner Events und bezeichne es als „temporären Mindcrash"! Temporär deshalb, weil nach der Ekstase die Welt genauso normal erscheint wie zuvor. Es ist wie eine Art Droge.

Die metaphysisch gefühlte unsichtbare Gegenwart Gottes ist ebenso ein Objekt wie die physisch gefühlte während eines sichtbaren Sonnenuntergangs am Meer. Daran ist freilich nichts schlecht. Im Gegenteil, solche Erfahrungen sind wundervoll. Sie sind aber objekthaft. Und zwar im wahrsten Sinne des Wortes: Das Objekt nimmt dich in Haft. Sie hält dich in der Objektwelt gefangen.

Bewusstsein kann ebenso ein Objekt sein wie Gott! Es ist nur ein Austausch von Worten. Bewusstsein ist nun dein Gott. Dein neuer Gottt. In Wahrheit nur ein neues Objekt. Freilich kein physisches, sondern ein metaphysisches. Jedoch keineswegs das, was Terence als Abwesenheit der Anwesenheit eines Selbst bezeichnet.

Du magst behaupten: Ich bin vollständig leer! Ich bin nichts als Leerheit! Die Frage ist, was du damit meinst?! Womöglich wurde die Leere zu deinem Objekt. Selbst, Gottt, Leere, Bewusstsein, es spielt keine Rolle, welcher dieser Begriffe dir mehr zusagt. Solange sie in deiner Wahrnehmung ein Objekt sind, bist du in der metaphysischen Objektwelt gefangen.

Das ist nicht weiter schlimm! Es ist in jedem Fall angenehmer, als in der physischen Objektwelt gefangen zu sein. In welcher es nur um Materie geht. Also um Ansehen, Wohlstand, Erfolg und Besitz. Wobei auch diese Objekte nicht per se schlecht sind! Essentiell sind sie alle ohnehin Subjekt. Also das, was Terence die Abwesenheit jeder Anwesenheit nennt. Daher genieß die Objekte. Genieße sie alle. Oder mindestens die, die dir gefallen, dir Freude machen, dich begeistern.

Objekte sind Subjekt in seiner Erscheinung. Das bedeutet: Gottt ist überall drin. In jedem Objekt. Materiellen und immateriellen. Unsichtbar aber. Unfühlbar auch. Nicht wahrnehmbar eben. Überhaupt nicht wahrnehmbar.

Unauffindbar!

*Ha! Unauffindbar? Wieso um Gotttes Willen suchen wir dann überhaupt?*

Ganz einfach: Um das Unauffindbare zu finden! Das ist die Crux! Es ist eine Art Labyrinth-Spiel.

Die beiden Pfeile kennzeichnen Eingang und Ausgang. Einen direkten Weg vom Eingang zum Ausgang mag es wohl geben, doch in der Regel findest du ihn nicht sogleich. Infolgedessen wirst du Umwege gehen, Sackgassen betreten, die dich zur Umkehr zwingen. Das Spiel kann ebenso interessant wie frustrierend sein. Kommt auf deine Einstellung an. Bist du *im Spiel,* erscheint es leicht. Bist du auf den Ausgang fixiert,

erscheint es schwer.

Nun hat diese Metapher natürlich einen krassen Schwachpunkt. Sie suggeriert uns, dass man rein und rausgehen kann. Dass es also so etwas wie einen Eingang und einen Ausgang gibt, den man finden kann. Und so scheint das metaphysische Spiel auch zu sein: Man kann den Ausgang (Selbst, Gottt, Leere, Bewusstsein) finden. Und wer ihn fand, ruft in die Welt: Ich habe mich gefunden. Ich bin das Selbst, Gottt, Leere, Bewusstsein!

Oh ja, ich pflichte dir bei! Das bist du zweifellos. Keinesfalls jedoch, weil du den Ausgang gefunden hast, sondern weil du das bist, was das gesamte Labyrinth wahrnimmt. Mitsamt der Figur, die rein und raus geht, sich in ihm verläuft und sich freut, wenn es den Ausgang fand!

Und nun sag mir: Kannst du das finden, was das Labyrinth wahrnimmt? Ich meine jetzt, in diesem Moment! Du nimmst das Labyrinth wahr, aber dich selbst als das, was es wahrnimmt, kannst du dich unmöglich wahrnehmen! Denn es ist.... unauffindbar.

Schnackelt's?

Sela!

# Das Un(auf)findbare finden – III

*Ein Schatten hat kein Dasein in sich selbst noch irgendein Wesen, einen Charakter oder ein Attribut: Alles liegt in seiner Quelle, von der er eine deformierte, partielle, auf zwei Dimensionen begrenzte Spiegelung ist, in ständigem Fluss begriffen und gänzlich leer von Wesenheit: eine Abstraktion, eine „Erscheinung", von ihrer eigenen Substanz auf illusorische Weise getrennt.*

*Alles, was der Schatten zu tun scheint, jede einzelne seiner Manifestationen, wird so, wie sie wahrgenommen wird, nicht ausgeführt von seiner Substanz, sondern ist eine objektivierte Darstellung irgendeiner Regung dieser Quelle!*

*Das Offenbare Geheimnis, S. 189*

Gestern erhielt ich eine E-Mail folgenden Inhalts von einem meiner geschätzten                                                        Leser:
*Hallo Werner, jetzt habe ich in den letzten 4 Wochen etwa 3 Advaita-Bücher pro Woche gelesen und, was soll ich sagen, in jedem derselbe Scheiß. Auch in deinen Texten... die Abwesenheit der Anwesenheit... bla bla bla... du kannst es nicht erfassen.... Das, was du bist, ist unfassbar... also warum der ganze Mist, wenn ich es eh nicht erfassen kann. Ich habe also beschlossen, nichts mehr zu lesen.*

Meine Antwort an ihn war: Das Unfindbare zu finden, ist die größte Entdeckung meines armseligen Lebens und der größte Schatz ebenso!

Das Nichts ist, was du bist! „Wirklich" bist! Das Nichts ist das, was die Welt hervorbringt! Ohne das Nichts existierte nicht einmal ein Gänseblümchen, ein Strohhalm oder ein Sandkorn! Das Nichts ist Gottt, jedoch nicht als Objekt. Nicht anfassbar, greifbar, (ver)einnehmbar. Sondern unsichtbar, unfühlbar, unerfahrbar. Das Un(auf)findbare zu finden, ist so ähnlich, als hättest du eine Million Euro auf dein Konto überwiesen bekommen, ohne zu wissen, wer dafür verantwortlich ist! All deine Recherchen gehen ins „Leere". Der Wohltäter bleibt unbekannt. Doch die Million, sie ist da!

Du schaust in die Welt! Du schaust auf all die KörperGeistOrganismen! Du schaust auf deinen eigenen KörperGeistOrganismus. Und fragst dich: Wer ist denn dafür verantwortlich? Wer hat das nur alles kreiert? Und vor allem: Für was? Was ist der Sinn? Was ist der Sinn des Lebens?

Und du suchst! Suchst in Religion, in Philosophie, in esoterischen Lehren, in spirituellen Übungen! Doch was du dort findest, sind durch die Bank nur Objekte. Metaphysische freilich, nicht-physische also. Vorgestellte, gedachte, gefühlte Objekte! Und aus diesem Grund zeitlich befristet. Nicht von Dauer. So dass deine Suche nicht enden kann. Es sei denn, du gibst dich mit ihnen zufrieden wie Milliarden von Menschen sich mit Allah oder Shiva oder Rama oder Jehova oder Jesus oder schlicht mit einer „höheren Macht" zufriedengeben.

Dem Hardcore-Sucher ist es unmöglich, sich mit Objekten zufriedenzugeben! Dafür kann er ebenso wenig wie der Gläubige, dem's reicht, an eine „höhere Macht" zu glauben und sie darum zu bitten, ihn von einer Krankheit oder permanentem Geldmangel zu heilen. Kommt ganz darauf an, was ihm zu suchen bestimmt ist.

Denn er ist nur ein Schatten! Er tut überhaupt nichts. Ebenso wenig wie mir der Leser eine E-Mail gesandt hat! Seine Worte sind auf eine Regung der Quelle zurückzuführen. Und meine Worte auch.

Versuchst du nun aber, die Quelle zu finden, geht es dir ebenso wie dem Typ mit der einen Million, deren Verursacher ihm unbekannt bleibt! Eins aber ist in jedem Fall sicher: Es gibt ihn! Die Million kam sicherlich nicht aus heiterem Himmel auf sein Konto.

Wenn du nach gründlicher Recherche keinen Absender findest, bist du versucht, an ein Wunder zu glauben! Und fürwahr, die Welt ist ein Wunder! All die unzähligen Phänomene, die täglich von neuem erscheinen! Den Verursacher oder die Quelle all dessen findest du zwar nicht, es steht jedoch außer Zweifel, dass er bzw. sie dafür verantwortlich ist. Und so findest du schließlich heraus, dass dieses Nichts alles ist.

Alles, was erscheint, ist die Quelle in ihrer Manifestation!

Folglich auch du! Dein Bodymind ist ein Schatten, den die Quelle wirft. *Deformiert, partiell, auf zwei Dimensionen begrenzte Spiegelung, in ständigem Fluss begriffen und gänzlich leer von Wesenheit: eine Abstraktion, eine „Erscheinung", von ihrer eigenen Substanz auf illusorische Weise getrennt.*

Dieser Satz ist in meiner Wahrnehmung wahrer Reichtum! Denn er erklärt Leben, er erklärt Welt, er erklärt auch, weshalb ich mich als Quelle unmöglich finden kann. Dass ich mich als un(auf)findbar finde, frustriert mich jedoch nicht. Im Gegenteil: Es erlöst mich von dem Frust der spirituellen Suche, die ins „Leere" läuft und ins Leere laufen muss, weil Leere genau das ist, was ich bin!

Kürzlich schrieb mir eine langjährige Freundin: *Habe bis vor 3 Wochen knapp 3 Monate (nach meiner Trennung plus totaler Untätigkeit und Kontaktlosigkeit) in dieser Leere geweilt bzw. ständig versucht, ihr zu entkommen. Die Abwesenheit der mir „bekannten" Liebe und Zuwendung machte sooo leer. Und leider setzte auch kein wesentlicher Erkenntnisprozess ein außer dem, dass ich nicht weiterleben konnte ohne jeglichen Kontext. Warum fühlt sich die Leere erst mal nur so schrecklich an?*

Meine Antwort war: *Die „metaphysische" Leere fühlt sich mitnichten schrecklich an. Sie fühlt sich vielmehr gar nicht an. Was sich in deiner Wahrnehmung schrecklich anfühlt, ist die durchaus verständliche Trennung eines geliebten Menschen, dessen Platz „leer" ist. Es ist ein weit verbreitetes Missverständnis, dass Schicksalsschläge und die damit verbundene psychosomatische Leere einen metaphysischen Erkenntnisprozess auslösen könnten. Man fühlt sich einfach nur Scheiße.*

„Meine" Leere ist voll! Voll mit Erscheinungen freilich. Rosen im Garten, sattgrüne Wiesen, Strohballen auf abgeernteten Feldern, treue Hundeaugen, Unordnung auf dem Schreibtisch, eine duftende Tasse Kaffee. All dies könnte jedoch nicht erscheinen, wenn das, was es erscheinen lässt, nicht vollständig leer wäre! Daher weiß ich nicht, was ich mehr schätzen soll: die Leere oder die Fülle, die in der Leere erscheint. Und so schätze ich beides: Die Leere, weil sie Fülle ermöglicht, und die Fülle, die in ihr als ihr Ausdruck erscheint!

Come on, let's dance.

# Teil VI

Der Mensch: ein Wesen, das am Ende einer Woche Arbeit entstand,
als Gott bereits sehr müde war.

Mark Twain

# Gottt ist ständig in der Klemme!

*Noumenon ist – wie das Wort besagt – Geist.*
*Phänomenon ist – wie das Wort besagt – Erscheinung.*
*Nicht-manifestiert sind wir Noumenon;*
*Manifestiert sind wir Phänomenon – Erscheinung.*

*Diese sind nicht getrennt, so wenig wie Substanz und ihre Form. Ihr Unterschied liegt in der Erscheinung, welche das eine hat und das andere nicht. Warum ist das so? Weil sich der Geist im Manifestierten in Beobachter und Beobachtetes spaltet.*

*Die Offenbare Erkenntnis, S. 199*

Gottt in Menschengestalt! So nenn ich's. Gottt drin im Fleisch. Fleisch gewordener Gottt! Und das ist an sich unmöglich! Es ist wirklich eine Unmöglichkeit. Und absurd. Wie könnte das, was nicht ist, denn sein? Wie könnte Geist Fleisch werden können? Wie könnte eins zwei werden können, und damit nicht genug, sogar all das, was an Formen erscheint?!

Am Ende kennt Gottt sich nicht einmal mehr! Im Fleisch ist Gottt völlig verleugnet! Sich selbst gänzlich entfremdet. Bitte, der du, solltest du auch nur ein wenig „zurückgekehrt" sein zu dir selbst als dem, was du wirklich bist, schau in die Welt mit offenen Augen! Schau, was geschieht! Und behaupte dann noch, der Geist sei nicht gespalten! Das, was sieht, und das, was gesehen wird, mein Gottt, welch ein Zwiespalt!

Das unfassbare Elend, in welchem sich Gottt im Fleisch befindet! Nicht nur im Menschen. In allen Geschöpfen. Gleichzeitig jedoch, solltest du noch genauer hinsehen können: Welch eine Majestät, die sich in allem verbirgt! Ja, verbirgt, es ist nur nicht offensichtlich.

Gestern war ich mit Freunden, die uns gerade besuchen, im Wildpark Tripsdrill. Von überall kommen Menschen hierher, und von uns aus sind es nur 10 Minuten mit dem Auto. Du schaust in die Tiergesichter, beispielsweise des Uhus oder des Bussards oder des Seeadlers, und da begegnet dir Majestät. Gleichzeitig bemerkst du die Gefangenschaft, in der die Majestät steckt. Nicht allein wegen der Zäune, die die Tiere umgeben. Sie steckt fest im Fleisch, in der Form, wie prachtvoll gefiedert sie auch immer erscheinen mag.

Das ist das Ergebnis der Manifestation des göttlichen Geistes. Weil anders Manifestation unmöglich ist! Gottt MUSS sich entfremden, verleugnen, verstecken, verbergen, ja, sogar scheinbar trennen, nenn es, wie du willst, ansonsten bliebe er formloser Geist. Mit sich selbst allein. Und nicht einmal sich seiner selbst bewusst!

Was hier mitgeteilt wird, ist wie höhere Mathematik! Algebra der Philosophie. Sozusagen.

*...und diese Krise hatte vor ein paar Tagen nun ihren Höhepunkt erreicht, an dem alles gekippt ist. Anstatt mir selbst immer wieder einen Dolch ins Herz zu stoßen, habe ich mich mit einem Mal ganz selbstverständlich vor meinem Schicksal verneigt. Und auch vor dem der anderen. Alles ist ein automatisierter Programmablauf, der alle Analysen, Interpretationen und Schuldzuweisungen hinfällig macht. Nichts kann anders sein als es ist. Was für ein Frieden! Und sooo einfach...*

Schreibt eine Leserin! Scheinbar. Schreibt Gottt sich selbst, würde nämlich ebenso und noch viel mehr stimmen. Gottt im Fleisch verneigt sich vor sich selbst als dem formlosen Geist. Gottt hat begriffen, dass alles Gottt bzw. Schicksal ist. Und wenn's noch so schräg ist. Noch so abwegig. Noch so elend oder grausam.

Alles ist Gottt, das bedeutet auch, dass Gottt sich selbst vertilgt, um sein Leben im Fleisch aufrecht zu erhalten. Bitte, sieh selber nach, glaub mir kein Wort! Wir konnten im Wildpark beobachten, wie Küken an Eulen verfüttert wurden. Ach, die armen kleinen Küken! Verfüttert! Oh ja, das ist tatsächlich eine grausame Angelegenheit! Und dabei nur eine unter unzählig vielen.

Gottt gibt sich an sich selbst hin, wäre die andere, die algebraische Gleichung bzw. Erklärung! Denn wer sonst als Gottt könnte das Küken und wer sonst als Gottt könnte die Eule sein?

*Ich bin nicht, was erscheint, sondern worin es erscheint,* ist genauso wahr wie *Ich bin, was erscheint, nur eben in meiner Erscheinung!*

*Diese sind nicht getrennt, so wenig wie Substanz und ihre Form. Ihr Unterschied liegt in der Erscheinung, welche das eine hat und das andere nicht. Warum ist das so? Weil sich der Geist im Manifestierten in Beobachter und Beobachtetes spaltet.*

Spaltet! Du hast richtig gelesen. Die Spaltung des Geistes vom Geist – sozusagen die Kernspaltung des Geistes – ist im Ergebnis die Formwelt. Die Welt der Erscheinung, die ebenso schön wie hässlich, ebenso majestätisch wie armselig ist. Anders ist Manifestation nämlich schlicht unmöglich! Wir sollten nicht davon ausgehen, dass Gottt doof ist und daher jede Menge Mist gebaut hat! Nein, nein, die Formwelt, so wie sie ist, ist das Optimum dessen, was möglich ist! Mehr als das ist einfach nicht drin, wenn der formlose Geist manifest wird!

*Dass allerdings aus Schicksalsschlägen verbunden mit psychosomatischer Leere keine Erkenntnisse erwachsen sollen, irritiert mich. Wahrscheinlich habe ich deine Worte nicht richtig verstanden, schätze ich. Denn bei mir geschieht seit den letzten fünf Jahren nichts anderes. Jede Krise legt in mir ein Wissen frei, dass ich es manchmal gar nicht fassen kann. Die letzte erst hat mich vor zehn Monaten auf den Weg in die Nondualität katapultiert und mich in dieser Zeit unermüdlich als Lehrmeister begleitet.* Schreibt die vorhin zitierte Leserin.

Die Krise beginnt mit der Geburt und endet mit dem Tod. Manifestation ist eine andauernde, unaufhörliche Krise. Gottt ist ständig in der Klemme! Nicht nur, wenn es kriselt. Das Fleisch ist die Klemme, in welcher Gottt lebenslang steckt. Und das, was wir als Krise bezeichnen, ist lediglich eine Zuspitzung, in der die Bedrängnis besonders handfest erscheint.

Nur wenige Götter in Menschengestalt nehmen Zuspitzungen als Lehrmeister wahr. Die wenigsten, würde ich sogar behaupten wollen! Die meisten sehen in Krisen lediglich Schicksalsschläge, die sie zu Unrecht treffen! Und hinsichtlich ihres Erkenntniswerts sollte man sie auch nicht überbewerten. Im besten Fall können sie dazu führen, sich der Sinnlosigkeit des Lebens bewusst zu werden und nach dem Sinn des Lebens Ausschau zu halten. Und wenn du Glück hast, findet sich ein Buch, das oder ein Mensch, der deine Vermutung, das Leben sei sinnlos, bestätigt!

Du könntest nämlich auch an jemanden geraten, der dir den Sinn des Lebens zu erklären versucht. Und das würde dich lediglich illusionieren. So dass du noch eine Krise und womöglich x Krisen brauchst, um zu checken, dass es sich um verirrte Irrlehrer handelt, die dir einen Bären aufbanden.

Womit ich nicht behaupte, jede Krise diene dem Ziel der Desillusionierung. Denn wäre dem so, wären außer Babys, die zwar auch in der Krise stecken, diese jedoch noch nicht bemerken, alle Menschen desillusioniert.

Weshalb die so-called Erleuchteten dann überhaupt von Freiheit sprechen? Weil die Wahrheit de facto frei macht von der abwegigen Hoffnung, Leben könne jemals etwas anderes sein als eine anhaltende Krise, ohne die Manifestation unmöglich wäre. Und weil die Spaltung des Geistes in Beobachter und Beobachtetes nicht mehr als Getrenntheit wahrgenommen wird.

# Gottt im dauerhaften Dilemma

*Wenn Subjekt rot wäre, könnte es kein Rot geben. Wenn Subjekt so etwas wie Topf, Berg, Form, Gestalt, Ton, Geschmack oder Geruch wäre, würde man all diese nicht kennen. Wenn Subjekt irgendein materielles oder begriffliches Objekt wäre, könnte es keinerlei materielles oder begriffliches Objekt geben.*

*Warum? Weil Subjekt, wenn es ein Objekt wäre, nicht dessen Subjekt oder das Subjekt irgendeines Objekts sein könnte.*

*Subjekt muss also transparent sein, damit Undurchsichtigkeit erscheinen kann.*
*Subjekt darf kein Ding sein, damit irgendein Ding (scheinbar) existieren kann.*
*Subjekt muss Noumenon sein, damit Phänomene wahrnehmbar sein können.*
*Subjekt muss Abwesenheit sein, damit es phänomenale Anwesenheit geben kann.*

*Die Einfache Erkenntnis, S. 54*

Du liest das und schwelgst womöglich in dieser Erkenntnis. Und dann siehst du den Film „Der Strahl der Sonne", der insgeheim in Nordkorea gedreht und per Speicherkarte aus dem Land geschmuggelt wurde. Wäre er entdeckt worden, hätte man die Filmemacher in ein Arbeitslager gesteckt. Oder sogleich exekutiert.

Du siehst Menschen, die unter dem Regime des irren Machthabers leiden. Kaum was zu essen haben. Und dieser feiste Fettsack mit dem an eine Comicfigur erinnernden Namen „Kim" lebt im Luxus, steckt das von seinen Mitbürgern erwirtschaftete Geld in die Rüstung und bedroht in seiner unfassbaren Überheblichkeit und Dummheit die hochgerüsteten USA!

Nur phänomenal ist das Leiden, nicht wirklich! Nur ein Traum, und im Traum ist schließlich alles möglich! Das hast du erkannt, das ist dir klar, doch es vermag deinen von dem Film „Der Strahl der Sonne" aufgewühlten Geist nicht zu beruhigen!

Das, was wir sind, ist an dem, was gesehen, gehört, gerochen, geschmeckt, betastet werden kann, unbeteiligt. Es ist stets jenseits all dessen. Es nimmt lediglich wahr! Und es ist das Wahrgenommene nur insofern, als es wahrgenommen wird. Das ist dir klar, aber dennoch schüttelt sich dein Kopf ob dem Leid, das du gemütlich auf der Couch liegend und Chips knabbernd im TV zu sehen bekommst.

Doch auch du bist nur eine Figur, die erscheint! Du bist nicht mehr als eine Figur und hast schlicht das Glück, nicht in Nordkorea, sondern in Deutschland, Österreich oder der Schweiz zu leben.

Und du bist machtlos. Sowohl hier als auch in Nordkorea. Du kannst nichts tun für die armen Leute, die dort (und anderswo) leiden. Und du kannst ebenso wenig gegen das Mitgefühl tun, das heiß in dir hochkocht, während du diesen Film siehst. Und gegen das Kopfschütteln ob dieser himmelschreienden Ungerechtigkeit bist du ebenso machtlos!

Wie könntest du angesichts ihrer an einen persönlichen Gott glauben? Wie solltest du da kein Atheist werden? So einem Drecksack von Gott möchte ich nicht einmal folgen, wenn ich dafür auf ewig in die Hölle geworfen würde!

Der Glaube an einen persönlichen Gott ist pervers! Perverser noch als die Neigung eines erwachsenen Mannes, sich von einer in schwarzen Lack bekleideten Dame an einem Halsband wie ein Hund an der Leine durchs Sadomaso-Studio peitschen zu lassen! Weil man(n) auf keine andere Weise (mehr) geil wird!

Wer einem Gott huldigt, der anstatt Kim tot umfallen oder ihm zumindest einen die Zeit seiner Herrschaft radikal verkürzenden bösartigen Tumor wachsen zu lassen, an der Macht hält, muss entweder vollkommen naiv oder mindestens ebenso durchtrieben und abartig böse sein wie dieser korrupte Bandit, der wie der Allmächtige verehrt wird!

Ja, du hast recht, einst predigte ich selbst den allmächtigen Gott! Bis mir die Augen geöffnet wurden. Seitdem predige ich einen Gottt, der sowohl allmächtig als auch ohnmächtig ist! Nein, ich wurde kein Atheist. Denn der Glaube an keinen Gott wäre ebenso töricht wie der Glaube an einen „nur" allmächtigen Gott.

Wie Gut und Böse halten sich auch Macht und Ohnmacht in der Manifestation exakt die Waage! Daher muss es Gerechtigkeit und Ungerechtigkeit geben, höchstes Glück ebenso wie tiefstes Leid.

Gottt hat keine Wahl! Er „kann" nicht einschreiten. Denn es gibt keinen persönlichen Gott.

Diese Behauptung ist natürlich ein Affront sondergleichen! Für gläubige Menschen. Das ist auch verständlich. Denn sie zerstört ihr Gottesbild. Und damit ihre psychische Lebensgrundlage. Die bleibt jedoch nur deshalb verschont, weil es ihnen erspart bleibt, dasselbe angesichts der brutalen Ungerechtigkeiten auf diesem Globus zu „durchdenken". Durchdächten sie es, wäre ihr Glaube dahin. Das ist ja auch einer der Gründe, weshalb, zumindest in westlichen Ländern, immer mehr Menschen aus der Kirche austreten.

Wenn wir den Begriff Gott überhaupt noch verwenden wollen, dann nur, wenn wir ihn nicht personifizieren. Gott ist tot, sagte Nietzsche. Das stimmt! Doch es gilt für den persönlichen Gott, den allmächtigen Gott, der Himmel und Erde erschuf!

Du magst sagen: Gott ist fein raus, wenn das stimmt, was Terence behauptet: Subjekt darf kein Ding sein, damit irgendein Ding (scheinbar) existieren kann! Denn was er Subjekt nennt, ist ja synonym mit dem Begriff Gottt! Nein, meine Freunde, Gottt ist überhaupt nicht fein raus, er befindet sich vielmehr in einem dauerhaften Dilemma. Denn Gottt muss ebenso herhalten für die Rolle eines skrupellosen

Diktators wie für all jene, die unter ihm leiden! Denn obgleich er essentiell kein Ding, kein Objekt ist, spielt Subjekt jede Rolle. Denn ohne Subjekt existierte kein Objekt. Weder blühende noch verblühende Rosen!

## Subjekt handelt ebenso wenig wie Objekt

*Phänomenale Objekte, scheinbar verzweifelt, auf der Jagd nach sich selbst als Subjekt? Wie könnte ein Objekt ein Subjekt suchen? Alles, was es ist, ist Subjekt; alles, was es tut, wird von Subjekt getan, so dass das Subjekt nach sich selbst jagt!*

*Die Offenbare Erkenntnis, S. 62*

Als ich kürzlich eine Freundin besuchte, die vor etwa 2 Jahren an Darmkrebs erkrankte und sich gegenwärtig in einem Hospiz befindet, sagte sie im Gespräch: Ich bin immer wieder erstaunt, wie viel der Mensch aushält! Das stimmt! Und stimmt nicht! Denn es gibt keine Leid ertragenden Menschen. Es ist Subjekt (im Objekt), das Leid (er)trägt. Neulich erfuhr ich, dass sich ein so-called Erleuchteter, der sich auf Facebook Jamie Heaven nannte, selbst entleibte. Ich erfuhr auch, dass er seit 17 Jahren täglich Schmerzen gehabt haben soll.

Wie konnte sich einer, (der die Wahrheit so klar sah wie wenige, die mir bekannt sind), das nur antun? Fragst du dich das? Ich frag mich das nicht, deswegen bin ich auch nicht (von ihm) enttäuscht. Subjekt setzte sich in einem schmerzenden KörperGeistOrganismus mit dessen eigenen Händen ein Ende.

Gerade sehe ich mir die Netflix-Serie „Narcos" an. *Die Serie behandelt den Aufstieg von Pablo Escobar und dem kolumbianischen Medellín-Kartell zu einem der mächtigsten Drogenkartelle der Welt in den 1970er- und 80er-Jahren. In den 1970ern verdrängte Kokain zunehmend das bis dahin vorherrschende Marihuana als Modedroge in Florida. Durch den Schmuggel dieser Droge von Kolumbien in die Vereinigten Staaten und später auch den Anbau im kolumbianischen Urwald konnte Escobar enorme Gewinne erwirtschaften. Gezeigt wird auch die große Brutalität und extreme Korruption, die mit diesem Aufstieg einhergingen. Der Kampf der kolumbianischen Behörden gegen die mächtige und skrupellose Drogenmafia nahm dabei zeitweise die Ausmaße eines Bürgerkriegs an, in dem unter anderem durch Bombenanschläge auch zahlreiche Zivilisten getötet wurden und die Mafia Kopfgelder auf Polizisten und andere Staatsbedienstete aussetzte. Beleuchtet werden auch die schwierige Lage der kolumbianischen Regierung und die Frage, ob Verhandlungen mit Escobar aufgenommen werden sollen, um den Bombenterror zu beenden. (Wikipedia)*

Die Handlungsweise des Drogenbarons und seiner Helfershelfer ist derart brutal, dass mir immer wieder der Atem stockt. Wie können Menschen nur derart unmenschlich denken und handeln, fragt man sich unwillkürlich. Die Frage ist jedoch irrelevant. Und zwar deshalb, weil Objekte nicht handeln!

Nun erscheint natürlich eine viel heiklere Frage: Wie ist es nur möglich, dass Subjekt solche Gräueltaten verübt? Darauf kann es nur eine einzige (wirklich zufriedenstellende) Antwort geben:

| Subjekt handelt ebenso wenig wie Objekt. |
| :---: |

Dies scheint folgender Aussage im Eingangszitat zu widersprechen. *Alles, was Objekt tut, wird von Subjekt getan.* Beachte jedoch, dass Sprache, dazu noch in einem kurzen, prägnanten Satz meistens nur einen, manchmal auch zwei, jedoch nie jeden Aspekt der Wahrheit zum Ausdruck bringen kann.

Das moralische oder ethische Problem Gotttes hat die Theosophie mit der These geistiger Evolution zu lösen versucht: Der „Gottesfunke" steigt zunächst ins Mineralreich hinab und entwickelt sich dann über das Pflanzenreich, Tierreich und Menschenreich zum göttlichen Menschen bzw. in höhere kosmische Ebenen hinauf. Dies würde beispielsweise erklären, weshalb der Gottesfunke nach seinen Inkarnationen in Mineralien, Pflanzen und Tieren während seiner ersten Inkarnationen als Mensch ähnlich brutal handelt, wie Tiere dies tun.

Dieses Argument löst jedoch das ethische Problem Gotttes nicht, denn solange ihm mit welcher Theorie auch immer vorgeworfen werden kann, er habe einen ausgeklügelten Plan und sei der Handelnde, sitzt er auf der Anklagebank!

Nur einem Nicht-Handelnden ist kein Vorwurf zu machen.

Und zwar selbst dann nicht, wenn sein Verhalten so unfassbar brutal ist wie das des kolumbianischen Drogenbarons Pablo Escobar.

In gewisser Hinsicht trifft die Aussage der Bibel zu, Gott habe den Menschen in seinem Ebenbild erschaffen! Sicher nicht, was sein Aussehen und seine Begrenztheit betrifft, in jedem Fall aber deshalb, weil mensch ebenso wenig willentlich handelt wie seine Quelle.

Was kann ein Tiger dafür, dass er Antilopen jagt, schlägt und sie sich einverleibt? So ist er angelegt. Was für den Tiger gilt, können wir Gott nicht absprechen, nur weil so viele schreckliche Dinge geschehen. Gottt-in-seiner-Manifestation, also seiner sichtbaren Seite (der Münze) IST genau so, wie wir die Welt erleben. Verstehst du? Er IST so, er handelt ebenso wenig mit Absicht und Plan wie ein Mäusebussard, der sich eine Feldmaus krallt.

Diese Aussage ist mitnichten ein Anschlag auf Gotttes Weisheit! Nur ist es eben keine „persönliche", sondern „unpersönliche" Weisheit. Letztere ist schließlich im Kosmos überall sichtbar. Nur eben nicht so, wie sie sich ein Mensch mit dem illusionären Eindruck persönlicher Täterschaft vorstellt! Nur weil ihn diese Vorstellung beherrscht, fragt er bei jedem grauenvoll erscheinenden Vorgang: Wie kann ein weiser (und dazu auch noch liebender) Gott das nur zulassen? Oder gar wollen?

Gottt lässt jedoch weder so etwas zu noch will er's. Lasst es mich in diesem Kontext noch einmal wiederholen: Gottt geschieht sich immer nur selbst. Als Subjekt in jedem seiner Objekte.

# Teil VII

Die Wahrheit liegt meist am Rande, nicht in der Mitte.

Henry Miller

# Welch eine Entspannung!

*In meiner Kindheit konnte ich auf dem Jahrmarkt so tun, als würde ich kleine Autos im Kreis umhersteuern. Sie hatten ein Lenkrad, das sich drehen ließ, aber in Wirklichkeit wurde das Fahrzeug automatisch von unten angetrieben und gesteuert. Da man das Lenkrad instinktiv in die Richtung drehte, in die das kleine Auto zu fahren hatte, war es schwierig nicht anzunehmen, dass man es selbst steuerte. Und viel schwerer war es, gänzlich mit dem Versuch aufzuhören, es zu steuern und es dem Auto zu überlassen, einen dort hinzubringen, wohin es wollte – denn lag in solchem Nicht-Lenken nicht die Gefahr eines Unfalls? Genauso verhalten wir uns in unserem willentlichen Leben.*

*Die Einfache Erkenntnis, S. 83*

Niemals solltest du glauben, was zu glauben das Normalste der Welt zu sein scheint: Der hat mich belogen! Der hat mich betrogen! Die hat mich hintergangen! Wie konnte er/sie mir das nur antun?! Wie war ihm/ihr das nur möglich?!

Ich kann meinem Hund einfach nicht böse sein. Obgleich es Grund dazu gäbe. Er gräbt gern Löcher im Garten. Er wälzt sich manchmal im Kot anderer Hunde. Er bellt gerne Jogger und Radfahrer an. Er findet Pferde und Kaninchen unwiderstehlich. Und ist er nicht angeleint, wenn ihm eins von beidem begegnet, ist er aufgrund seines Jagdtriebs nicht zu halten. Er bellt grundsätzlich, wenn es an der Tür klingelt. Und er bellt ebenso grundsätzlich jeden Besucher an, bevor dieser ihn mindestens einmal berührt. Dann leckt er ihm sogleich die Hände. Denn bissig ist er Gott sei Dank nicht.

Sein Verhalten, diese Dinge betreffend, ist in meiner Wahrnehmung unschön, doch böse kann ich ihm deshalb unmöglich sein. Wieso? Nun, weil ich weiß, dass mein Hund all dies nicht willentlich, sondern instinktiv tut. Natürlich versuche ich ihm das eine oder andere abzugewöhnen. Manches geht, anderes nicht. Früher sprang er auch vorbeifahrende Autos an, das tut er nicht mehr. Kommt aber ein Jogger oder Fahrradfahrer des Weges, bellt er ihn an. Es sei denn, ich lenke ihn mit einem Leckerli ab.

Wenn unser Sohn sein Zimmer nicht aufräumt oder eine andere der mit ihm vereinbarten Pflichten vernachlässigt, wird er gemaßregelt. Denn Yannick ist anders als mein Hund in der Lage Verabredungen einzuhalten. Er versteht meine Sprache, und ihm ist zudem bewusst, dass Papa und Mama die Dinge nicht durchgehen lassen.

Weil ich mir aber dessen bewusst bin, dass Yannick ebenso wenig handelt wie unser Hund, wird ihm nie ein Schuldbewusstsein eingeredet. *Weshalb fällt es dir so schwer, dich daran zu erinnern, gleich nach dem Aufstehen die Salzlampe auszuknipsen, den Rollladen hochzuziehen und das Fenster zu öffnen? Das dauert weniger als eine Minute!* Das kriegt er schon zu hören! Es fällt in meiner Wahrnehmung in die Kategorie „Alltagsvorwürfe". Und die sind unerlässlich, denn sie lösen Betroffenheit aus. Zumindest haben sie das Potenzial dazu. Ob sie es auch wirklich schaffen, ein Verhalten nachhaltig zu ändern, ist jedoch weder unter meiner noch unter seiner Kontrolle.

Wenn du dir dessen bewusst bist, bist du unfähig, deinem Kind, deinem Partner, deinem Freund, Mitarbeiter oder Kollegen einen Schuldkomplex einzureden! Denn selbst der Alltagsvorwurf ist nicht mit der dunklen und destruktiven Energie aufgeladen, die ein nicht vom Eindruck persönlicher Täterschaft befreiter Mensch in sich trägt! Denn in dessen Wahrnehmung handeln die Menschen tatsächlich! „Sie" entscheiden sich! „Sie" sind gegen ihn! „Sie" rotten sich hinter seinem Rücken zusammen! „Sie" reden schlecht über ihn. „Sie" verstehen ihn nicht!

Ja, vordergründig ist das natürlich der Fall! So wie Terence als Kind vordergründig das kleine Auto im Kreis herum steuerte. In Wahrheit aber handelt keiner! Wir alle werden gehandelt. Wir alle werden gesteuert. Ist dies bewusst - welch eine Entspannung!

Gerade telefonierte ich mit dem Veranstalter des Erleuchtungskongresses 2017 in Berlin, der meinen geplanten Auftritt sang- und klanglos aus seinem Programm entfernt hatte. Ich erhielt noch nicht einmal eine Absage. Mann oh Mann, hätte ich dem früher den Marsch geblasen! Die Klarheit macht das unmöglich! Ich fragte ihn lediglich nach dem Grund, hörte mir seine fadenscheinigen Ausflüchte an, und das war's. Keine Aufregung nötig! Gottt hat die Fäden in der Hand. Naiv ausgedrückt. Denn in Wahrheit gibt's weder Fäden noch einen, der an ihnen zieht!

Das Ding hier läuft vollautomatisch, es bedarf keines Machers. Ein Macher könnte auch Fehler „machen", das vollautomatische Universum macht keinen. Auch wenn es manchmal ganz so aussieht, nicht wahr?

Kürzlich erzählte mir ein Rentner, er habe kurz vor seiner Pensionierung erfahren, sein Aktienpaket, welches er vor 25 Jahren käuflich erworben hatte, habe seinen Wert um rund 70 Prozent eingebüßt. Somit war's nichts mehr wert. Selbst seinen finanziellen Einsatz kriegte er nicht mehr zurück. Seine staatliche Rente reichte hinten und vorn nicht, weil er als Selbständiger nie ins System einbezahlt hatte. Der Verkauf jenes Aktienpakets, das über die Jahre einen stattlichen Wert entwickelt hatte, sollte dieselbe ersetzen. Das konnte er sich nun abschminken. Um seine spärliche staatliche Rente aufzubessern und einigermaßen über die Runden zu kommen, begann er damit, Ware in die Regale von Lebensmittelmärkten zu verbringen. Dabei lernte er ein Jahr später eine Dame seines Jahrgangs kennen, weil die ihn vor dem Regal fragte, weshalb er sich so eine Arbeit in seinem Alter noch antue. Er kam mit ihr ins Gespräch und lernte sie außerhalb des Marktes näher kennen. Daraus entstand eine Beziehung, und schließlich heirateten sie. Was er nicht wusste, war, dass sie nicht nur eine liebenswürdige, sondern ebenso wohlhabende Frau ist.

Als der Mann mich besuchte, hatten die beiden schon ihre erste Kreuzfahrt hinter sich. 112 Tage waren sie mit der Queen Victoria rund um die Welt gereist. Nicht etwa in der Innenkabine für rund 16.000

Euro, sondern in einer Suite mit Meerblick, die 50.000 Euro kostet! Das hätte er sich selbst dann, wenn sein Aktienpaket im Wert gestiegen anstatt gefallen wäre, nicht leisten können. Geträumt hatte er allerdings sein Leben lang von einer Kreuzfahrt rund um die Welt.

Schöne Geschichte, nicht wahr? Klingt wie ein Märchen. Und kein Zweifel, nicht jedem Rentner mit spärlicher Rente ist so eine sagenhafte Schicksalswendung vergönnt. Eins aber ist in jedem Fall sicher: Das Schicksal ist alles! Und wenn es dir vergönnt wäre, dankbar sein zu können für das, was da ist, anstatt neidisch zu schielen auf das, was andere Menschen wie unser vom Schicksal begünstigter Rentner erleben, würdest du so komfortabel wie nur irgend möglich durchs Leben reisen, ohne dich auch nur im Geringsten darum kümmern zu müssen, wann, wie, wo und ob du überhaupt ankommst!

# Weil ich (un)scheinbar bin

*Dao ist der pfadlose Weg, hat ein torloses Tor, und so wie der Äquator die nördliche Halbkugel von der südlichen trennt, trennt und vereint dieses Tor in illusorischer Weise das Phänomenale und das Noumenale, Samsara und Nirvana.*

*Die Einfache Erkenntnis, S. 85*

Du schaust und siehst was:

> Dies alles BIN ICH in meiner Erscheinung,
> dies alles ist Liebe in meiner Essenz.

Nein, nein, das ist nicht übertrieben. Auch nicht überheblich. Und es trifft auf jeden zu. Auf dich, auf mich, sogar auf Sissi. Oder sollte ich sagen: Besonders auf Sissi? (Unseren Hund.)

Vielleicht stört dich nur ein Wort: MEINER. Wie kannst du das sagen? In MEINER Erscheinung, in MEINER Essenz? Nun, weil's der absoluten Wahrheit entspricht. Denn außer mir ist ja keiner. Sagt sogar Jesaja, der alttestamentliche Prophet.

Ich bin der Herr und sonst keiner. Jes. 45:5

Wenn keiner außer ihm ist, musst du als Figur eine seiner Erscheinungen sein. Dann musst du, dann muss ich der Herr sein, und außer mir als dem Herrn aller Herren kann's keinen geben, wenn's nur einen Herrn gibt!

Sodass, wenn du schaust, der Herr schaut. (In biblischer Formulierung)

Und dann kannst du nichts anderes (über dich) sagen als:

Dies alles BIN ICH in Meiner Erscheinung, dies alles ist Liebe in Meiner Essenz.

Ich bin das, was an Formen erscheint. Wer sonst sollte das sein? Fassen kann ich das nicht. Und weshalb? Weil ich unfassbar bin! Versuch zu verstehen: Wie sollte ich, der ich unfassbar bin, (er)fassen können, wie ich all das sein kann, was erscheint? Würde ich es (er)fassen können, wäre ich nicht jenseits all dessen, was fassbar ist, was Form ist, was sichtbar, fühlbar, (an)greifbar ist.

Ich **muss** daher un(an)greifbar sein! Sonst wäre ich ja ebenso greifbar wie das, was erscheint.

Daher kann ich ebenso sagen, dass ich nicht bin, was erscheint. Weil ich (un)scheinbar bin. Im wahrsten Sinne des Wortes! Ich selbst erscheine nicht auf der Bildfläche. Doch das, was erscheint, das kann nur ich selbst sein! Jedoch nur in meiner Erscheinung! Nicht in meiner Essenz! In meiner Essenz bin ich Liebe. Unbedingte sogar. Unverdinglichte Liebe. Verdinglichte Liebe kann unmöglich unbe-ding-t sein.

Daher sehe ich zwar Liebe in allem, was ist. Jedoch gleichzeitig auch das Gegenteil von Liebe. Weil Dinge ohne Kontraste nicht erscheinen können. „Hellsehen" kann ich nur, wenn Dunkelheit herrscht! ☺ Liebe ohne Nichtliebe, das ist wie ein Gemälde, das vollständig leer ist. Ein Gemälde ohne Kontraste - unmöglich!

It's very easy. Deshalb erscheint es so schwer!

# Der Genuss der Leere IST nicht die Leere

*Noumenon ist der unmanifestierte Aspekt dessen, was wir als Lebewesen sind; Phänomenon ist unsere Manifestation. Deshalb müssen wir in manifestierter Form Schmerz und Freude empfinden: In unmanifestierter Form können wir weder das eine noch das andere erfahren. Manifestation und Nicht-Manifestation sind dauerhaft und parallel, die eine der Zeit unterworfen, (die alle Manifestation begleitet und die Ausdehnung von Geschehnissen wahrnehmbar macht), die andere zeitlos.*

*Das Offenbare Geheimnis, S. 28*

Noch mal zum Verständnis: Noumenon bedeutet bei Terence das Unnennbare, Absolute, Allumfassende. Phänomenon bedeutet das Erscheinende, das Manifestierte. Wie eine Medaille oder Münze, die zwei Seiten hat, die *unbedingt* zusammengehören.

Unterscheidung ist möglich, Trennung mitnichten.

*Manifestation und Nicht-Manifestation sind dauerhaft und parallel.* Der Satz könnte von mir sein, aber Terence kann unmöglich von mir abgeschrieben haben, denn er starb zu einem Zeitpunkt, als ich erst 37 Jahre alt war. ☺ Und damals hätte ich nur Bahnhof verstanden...

Diese Aussage macht die Urknall-Theorie obsolet, weil diese einen Anfang bedingt. Und weil die Nichtmanifestation ebenso „dauerhaft" ist wie die Manifestation.

Die Medaillen-Metapher gefällt mir ausgesprochen gut, weil sie Wirklichkeit so anschaulich macht. Und sie ist noch dazu praktisch. Denn ist es nicht genau das, was du täglich wahrnimmst bzw. erlebst? Du kriegst sie einfach nicht los, die Erfahrung von Freude UND Schmerz!

Die Wechselhaftigkeit des Lebens klebt an dir wie Sekundenkleber! Da kannst du noch so schwelgen im Genuss, nicht zu sein, was erscheint, die Erscheinung kommt dir immer wieder dazwischen! So etwas Profanes wie Kopfschmerz womöglich. Oder ein verlegter Autoschlüssel, obgleich du einen Termin hast und zu spät kommst, wenn du ihn nicht in den nächsten fünf Minuten findest. Oder schreiende Kinder in Nachbars Garten, während du gerade auf dem Liegestuhl döst. Oder der Anruf eines Freundes, der dich als Mülleimer für seine Probleme benutzt und für keinen Rat, den du ihm gibst, offen ist. Oder ein Schreiben von deinem Vermieter, in welchem er dir eine Mieterhöhung von 20 Prozent ankündigt! All das zerrt an deinem Nervenkostüm und dreht die Medaille oder die Münze auf die andere Seite.

Und wenn dir die Unvermeidbarkeit dieser Medaillen-Drehung nicht klar ist, kommt zu allem Übel noch hinzu, nicht wirklich verstanden zu haben, dass du doch gar nicht bist, was erscheint, weil du ansonsten doch fähig sein müsstest, auf dieser Seite der Medaille zu bleiben!

Dass du nicht bist, was erscheint, das ist Fakt! Du brauchst die Münze nur umzudrehen, um den Beweis zu erhalten. Selbst wenn sie gerade nicht aufgedeckt ist, verschwindet sie nicht.

Du aber willst die „Erfahrung" der anderen Seite, nicht wahr? Mit anderen Worten: Du möchtest dauerhaft im Genuss, nicht zu sein, was erscheint, bleiben können. Der Genuss dessen ist jedoch nicht dauerhaft. Denn der Genuss ist nicht noumenal, sondern phänomenal!

Du sitzt im Event und genießt, womöglich zum ersten Mal überhaupt, dass du nicht bist, was erscheint! Du fühlst dich leer, unbedingt, absolut. Oh ja, das ist es, denkt sich, das habe ich lebenslang schon gesucht! Und während der Fahrt nach Hause fühlst du sie auch, diese Leere, diese Unabhängigkeit von allen Objekten, selbst ein Drängler, der dir fast auf die Stoßstange fährt, interessiert dich nicht die Bohne. Du lächelst ihm sogar zu, als er dich schließlich wütend herumfuchtelnd überholt!

Zuhause aber wartet dein Partner... Und der hat nichts Besseres zu tun, als an dir rumzumosern, gleich nachdem du das Wohnzimmer betrittst. Wenn du doch schon geplant hättest, *einen ganzen Tag* außer Haus zu sein, hättest du doch wenigstens dran denken können, für ihn und die beiden Töchter vorzukochen. Aber nein, die Dame hatte ja nur ihren Event im Kopf! Also musste er selbst an den Herd. Da er aber keine Ahnung hat vom Kochen, was sie schließlich weiß, ist ihm der Braten in der Röhre verbrutzelt, so dass ihnen nichts anderes übrigblieb, als an der Ecke im Imbiss eine beschissene Currywurst mit Pommes runterzuwürgen.

Und nun schwillt dir der Kamm! Denn du bist immer für sie da. Kochst jeden Tag für die Herrschaften. Gibst stets dein Bestes. Und nun, da du dir auch mal *einen Tag* Auszeit gegönnt hast, wird dir das Versagen deines Göttergatten beim Kochen auch noch zum Vorwurf gemacht.

Nicht dass sich die Münze oder Medaille nun gedreht hätte. Du erfährst noch immer die *eine Seite der Medaille*, die abwechselnd Freude UND Schmerz beinhaltet. Du aber denkst, du hättest die andere Seite, die du noch vor ein paar Minuten sooo genossen hast, verloren!

Diese Verwechslung schafft die Verwirrung!

Du kannst dich als das, was nicht erscheint, nie verlieren! So wie eine Münze nie eine ihrer beiden Seiten verliert! Ob sie nun aufgedeckt oder abgedeckt ist.

| Der Genuss der Leere IST nicht die Leere! |
|---|

Der GENUSS der Leere ist ebenso phänomenal wie der Ärger über den unberechtigten Vorwurf deines Mannes. Die Leere, die du bist, immer warst, immer sein wirst, ist davon nicht betroffen. Und aus diesem Grund ist der Ärger eine ebenso temporäre Erfahrung wie der Genuss. Beide Erfahrungen „erscheinen" und sind daher die phänomenale Seite der Münze.

Was du BIST, kannst du nicht erfahren! Das muss dir klar sein. Ist es nicht klar, bist du freilich enttäuscht, wenn der Genuss der Leere dem Ärger oder sonst einer unangenehmen Erfahrung weicht. Doch „Erfahrungen" wechseln sich ab. Was nicht wechselt und nicht wechseln kann, ist die andere Seite der Münze oder Medaille, die sich aber nicht zu jedem Zeitpunkt genießen lässt. Besonders dann nicht, wenn dir der Kamm schwillt! Doch Erfahrungen kommen und gehen. Was du bist, KANN nicht kommen und gehen.

# Nichts vermag meinen inneren Frieden zu stören

*Da ist kein Subjekt ohne Objekte, da sind keine Objekte ohne Subjekt.*
*Da ist weder ein getrenntes Eines außerhalb der Vielen, noch sind da*
*Viele ohne den Einen.*

*Das Offenbare Geheimnis, S. 202*

Und genau aus diesem Grund geht das Leben nach dem Erkennen so weiter wie zuvor und ist doch anschließend weiter entfernt als der scheinbar am weitesten entfernte Stern von der Erde. Da die Wissenschaft jedes Jahr noch weiter entfernte entdeckt, ist es müßig, ihre ohnehin erfundenen Namen zu nennen.

Was weitergeht wie zuvor, ist das, was wir als Leben bezeichnen. All diese Aktivitäten von Ameisen, Bienen, Antilopen, Fröschen, Mücken, Schweinen, Hornissen, Bienen und Menschen. Dieses Gewusel, das „einzig" der Existenzsicherung und dem Genuss dient. Bitte nicht glauben! Untersuchen!

| Alles lebt, um zu leben! Und zwar möglichst lange! |
| --- |

Leben hat außer der Existenzsicherung einzig Genuss zum Ziel. Das gilt selbst für den Asketen, dessen Genuss lediglich auf Verzicht beruht und daher natürlich dem eines reinen Genussmenschen diametral entgegengesetzt erscheint.

Man muss nur den Mut haben, die hehren Ziele der Gutmenschen, Heiligen, Weltretter und Erlöser runterzudampfen auf die Essenz. Dann lösen sie sich auf und erscheinen einem höchst lächerlich!

| All dies bin ich in meiner Erscheinung! |
| --- |

All dies. Selbst der Islam! Ebenso jedoch meine Kritik am Islam und der massenhaften Zuwanderung von Muslimen nach Europa, insbesondere ins Schlaraffenland Deutschland, in das diese archaische

Ideologie einfach nicht passt und in welchem es einzig Probleme schafft!

Bienen sind wesentlich klüger als das „kultivierte" Human Animal! Bienen lassen beispielsweise Hornissen nicht in den Stock, weil diese Bienenstöcke gern plündern. Frau Merkel dagegen ist noch nicht einmal bereit, eine Obergrenze für Flüchtlinge festzulegen.

Bienen und Hornissen gehören der Gruppe der sogenannten Hautflügler an. Doch selbst die Zugehörigkeit zur gleichen Gruppe macht sie noch längst nicht zu Freunden. Und die Integration von Hornissen in den Bienenstock wird von ihren Artgenossen, den Bienen, aus guten Gründen nicht akzeptiert. Und zwar deshalb, weil der Instinkt von Bienen gut funktioniert. Der von kultivierten Gutmenschen aber nicht!

*Da ist weder ein getrenntes Eines außerhalb der Vielen, noch sind da Viele ohne den Einen.*

Einem kultivierten Gutmenschen dient diese Erkenntnis als Beweis seiner absurden Multi-Kulti-Vorstellung! Das dekultivierte und deromantisierte Gehirn eines Human Animals erkennt auf Anhieb die unüberbrückbaren Unterschiede zu seinen muslimischen Artgenossen, deren Gehirne in archaischen Strukturen verwurzelt sind, ohne jedoch aus dem Auge zu verlieren, dass sich in uns allen das Eine verkörpert! Für das desillusionierte Gehirn ist das kein Spagat! Seinen (Wohn)Raum vor feindlicher Übernahme zu schützen, ohne seine Feinde zu hassen, ist vielmehr der natürliche Zustand eines Human Animals.

Nun mag sich dir freilich die Frage stellen: Gehören denn nicht auch *kultivierte Gutmenschen* zu den Vielen, die nicht außerhalb des Einen sein können? Und die Antwort ist: Sicherlich! Das gilt jedoch auch für die Bienen, welche ihre „Artgenossen" partout nicht in den Stock lassen wollen!

Die Tatsache, dass nichts voneinander getrennt ist, bedeutet nicht, das nichts unterschiedlich ist. Der Unterschied zwischen Bienen und

Hornissen ist mitnichten essentieller Natur. Nicht nur, dass sie beide das Eine verkörpern, sie gehören sogar derselben Gruppe von Hautflüglern an! Und dennoch verbieten Bienen Hornissen den Eingang in ihren (Wohn)Raum und sind dabei sogar ziemlich rabiat! Um feindliche Hornissen abzuwehren, rotten sich japanische Bienen zusammen, umschließen die Angreifer und heizen sie auf. Die Hornissen werden so lange gegrillt, bis sie erstickt sind.

Nun empfehle ich freilich mitnichten eine so harte Gangart bezüglich der unkontrollierten Zuwanderung unserer muslimischen Artgenossen. Mir würde es vollkommen reichen, wenn das Asylgesetz außer Kraft gesetzt würde! Das Asylgesetz ist nämlich laut Artikel 16a Grundgesetz juristisch gesprochen kein Abwehrrecht, sondern ein Leistungsrecht. Ein Leistungsrecht ist nicht auf schlichtes Unterlassen gerichtet (wie zum Beispiel das Folterverbot), sondern es richtet sich auf eine staatliche Leistung, in deren Genuss man kommen will, wie zum Beispiel einen Studienplatz - oder eben Asyl. Leistungsrechte stehen aber nach der gängigen Rechtsprechung des Bundesverfassungsgerichts immer unter einem stillschweigenden „Vorbehalt des Möglichen".

Dass es keine Außerkraftsetzung des Asylgesetzes geben wird, mindestens solange nicht, wie Frau Merkel in Deutschland das Sagen hat, ist mir klar. Wünschenswert wäre es aber! Da das Leben aber kein Wunschkonzert ist, sondern so verläuft, wie es determiniert ist, vermag meine Kontroverse mit der unsäglich törichten Politik dieser Ära meinen inneren Frieden nicht zu stören.

# Teil VIII

Das einzige „Ich", das ich finden kann, ist das
Pronomen erste Person Singular.
Ich muss das verwenden, um es vom
Pronomen zweite Person Singular
zu unterscheiden.

UG Krishnamurti

# Stürzen wir uns in die Arena der Unterscheidung!

*Ich glaube nicht, dass da irgendjemand ist, der erwachen könnte! Lebewesen als solche sind überhaupt nicht da, wie also könnten sie erwachen? Und was ist da, um zu erwachen? Begriffe, gedachte Formen, Objekte. Und solche können weder einschlafen noch erwachen. Welch ein Unsinn müssen daher diese Erweckungslehren sein! Gehen sie doch von falschen Voraussetzungen aus, denn phänomenal gesehen sind die Objekte Erscheinungen und noumenal gesehen schlafen sie nicht!*

*Das Offenbare Geheimnis, S. 52*

Ich lese immer wieder einmal, man sollte Erleuchtung und Erwachen unterscheiden. Nun gut, stürzen wir uns also in die *Arena der Unterscheidung*. Dann würde ich gern, angelehnt an das Vokabular Wei Wu Weis, von phänomenaler und noumenaler Erleuchtung schreiben.

Die phänomenale Erleuchtung bezieht sich auf jene Menschen bzw. Objekte, die sich nach Erleuchtung sehnen oder glauben, sie erlebt, sie empfangen zu haben. Die noumenale Erleuchtung bezieht sich allein aufs Subjekt und hat daher mit den Objekten nur insofern zu tun, als ohne dieselben Erleuchtung nicht einmal notwendig erschiene.

Kürzlich hörte ich den nicht gerade unbekannten Satsang-Lehrer Roland Heine in einem Radio-Interview sagen: *Erleuchtung kann man am leichtesten beschreiben, wenn man sich vorstellt, dass man vollkommen entspannt ist und ständig in einer Seligkeitswanne badet.*

Das ist eine schöne, ja sogar eine äußerst präzise Beschreibung phänomenaler Erleuchtung. Und zwar in beiden Bedeutungen des Wortes phänomenal.

1. Sie gilt dem Objekt, ist also den Erscheinungen zugehörig, und sie ist

2. sehr erstaunlich, denn so etwas wie permanente Seligkeit gibt es nicht und kann es nicht geben.

Der Grund ist leicht zu erklären: Objekte unterliegen der Zweipoligkeit bzw. der Dualität, daher erfahren sie Freude UND Schmerz. Und das ändert sich nicht mit der Erleuchtung. Wer daher behauptet, er bade *ständig* in der Seligkeitswanne, belügt zuvörderst sich selbst und wenn er es lehrt, freilich auch seine Schüler.

Was verstehe ich unter noumenaler Erleuchtung? Das, was sucht, findet sich als das Unauffindbare und realisiert sich somit als Abwesenheit jeglicher Anwesenheit. Mit dieser Realisation wird die Welt der Objekte transzendiert und die (eigene) Persona als ein Objekt unter vielen anderen durchschaut. Das Erkennen der Abwesenheit jeglicher Anwesenheit ist oftmals von Seligkeitsgefühlen begleitet, kann aber ebenso wie im Fall Suzanne Segals[16] panische Angst auslösen. Seligkeitsgefühle sind in jedem Fall kein permanenter Zustand. Weder nach der phänomenalen noch nach der noumenalen Erleuchtung.

Daher ist noumenale Erleuchtung nichts anderes als das, was ich seit vielen Jahren als Desillusionierung bezeichne. Denn anschließend vermag schlicht nicht mehr daran geglaubt zu werden, man sei ein Objekt namens Mensch. Das warst du freilich noch nie, doch du hast es geglaubt. Du warst nicht nur funktional, sondern auch fiktional mit der Persona identifiziert, die in Wahrheit lediglich ein Instrument der Wahrnehmung ist. Eins unter vielen in einer Welt, die lediglich phänomenal existiert bzw. erscheint. Präsenz oder Anwesenheit ist ständigem Wandel unterworfen. Abwesenheit natürlich nicht. Sie ist stabil, keiner Veränderung unterworfen, die das Objekt, das nur phänomenal erleuchtet sein kann, nach wie vor noch erlebt.

---

[16]   Nachzulesen In ihrem Buch „Kollision mit der Unendlichkeit. Ein Leben jenseits des persönlichen Selbst"

Ich erwähnte es schon: Meiner Einschätzung nach lehren um die 80 Prozent aller Satsang-Lehrer phänomenale Erleuchtung, auch spirituelles Erwachen genannt. Leicht daran zu erkennen, dass es in ihrer Lehre stets um die Befindlichkeit(en) des Objekts geht. *Ständig in Seligkeit baden!* Das ist eine durchaus charakteristische Aussage der Lehrer phänomenaler Erleuchtung. Es geht um die emotionale Erfahrung des anwesenden Objekts, nicht ums abwesende Subjekt, das keiner emotionalen Veränderung unterliegt, weil es zwar die Erscheinung jedes Objekts ermöglicht, jedoch essentiell kein Objekt ist.

*Es gibt keinen Unterschied zwischen Unwissenheit und Erleuchtung, weil es in jedem Fall die konzeptuelle individuelle Entität ist, die den einen oder anderen Zustand erfährt. Im noumenalen Zustand löst sich das Wesen auf. Solange es ein „Ich" gibt, das als eigenständiges Wesen denkt, fühlt und reagiert, kann es keinen Unterschied zwischen Unwissenheit und Erleuchtung geben. Wenn das individuelle Wesen als das erkannt wird, was es ist – eine reine Erscheinung – dann kann die Unwissenheit nicht bleiben. Damit gibt es für Erleuchtung keine Notwendigkeit (mehr).*

*Ramesh Balsekar*

Phänomenale Erleuchtung ist daher eine Art Spielzeug für den spirituellen Kindergarten. Kinder haben ein vitales Interesse am Spielen, und aus diesem Grund ist phänomenale Erleuchtung nicht etwa falsch. Erwachsene spielen jedoch nicht mehr mit Bauklötzen oder Quietschentchen. Und sind daher an phänomenaler Erleuchtung nicht mehr interessiert.

Sie haben in der Regel lange genug mit den verschiedenen Spielzeugen phänomenaler Erleuchtung gespielt, um nicht zu wissen, dass sie nur temporäres Vergnügen bereiten können. Daher steigen sie aus der Seligkeitsbadewanne aus. Und lassen damit auch die Quietschentchen, mit denen sie sich im warmen Wasser vergnügten, zurück.

Das Objekt namens Mensch wird nach noumenaler Erleuchtung in der Wahrnehmung sekundär; primär wird das Subjekt, also die Abwesenheit jeder Anwesenheit: das Nichts oder die Leere, in welcher alle Objekte erscheinen. Was jedoch mitnichten bedeutet, dass das menschliche Leben verachtet würde. Im Gegenteil, es ist das, was nach dem, was ich als noumenale Erleuchtung bezeichne, einzig noch zählt!

Nach der noumenalen Erleuchtung respektive Desillusionierung ist bewusst, dass jedes Tier, jede Pflanze und natürlich auch jeder Mensch nicht aus sich selbst heraus agiert und reagiert, sondern schlicht ein Objekt ist, das keinerlei Kontrolle darüber hat, was mit ihm und durch es geschieht. Daher werden die jeweiligen Befindlichkeiten des Objekts zwar weiterhin als angenehm oder unangenehm erlebt; sie haben jedoch keinen Einfluss auf die innere Stabilität, die aufgrund klaren Sehens dessen, was ich in Wirklichkeit bin, keinem Wandel unterliegt.

Ich als anwesendes Objekt mag lachen oder weinen, ICH als abwesendes Subjekt bin weder vom Lachen noch vom Weinen betroffen. Und meistenteils werden gar keine Emotionen erlebt. Also weder Seligkeit noch Unseligkeit. Die innere Stabilität aufgrund ungetrübten Sehens noumenaler Abwesenheit ersetzt sozusagen die frühere Abhängigkeit von emotionalen Befindlichkeiten.

Sela!

# Das soll der unpersönliche universale Geist sein?

*Dieser unpersönliche, universale Geist (oder Bewusstsein) ist unsere wahre Natur, unsere einzige Natur, und ist alles, absolut alles, was wir sind.*

*Das Offenbare Geheimnis, S. 207*

Erfahrung ist nichts anderes als: Der Computer fährt hoch! Wirklich. Mehr nicht. Und was du dann wahrnimmst – auf dem Monitor, mein ich – das wäre ohne das Hochfahren des Computers unmöglich. Was all die Erscheinungen möglich macht, sehen wir nicht.

*Software bestimmt, was ein softwaregesteuertes Gerät tut und wie es das tut (in etwa vergleichbar mit einem Manuskript). Die Hardware (das Gerät selbst) führt Software aus (arbeitet sie ab) und setzt sie so in die Tat um. Software ist die Gesamtheit von Informationen, die man der Hardware hinzufügen muss, damit ein softwaregesteuertes Gerät für ein definiertes Aufgabenspektrum nutzbar wird. (Wikipedia)*

Software ist in gewisser Weise vergleichbar mit dem, was Terence den unpersönlichen, universalen Geist nennt, der unsere wahre Natur ist. Hardware ist unser Bodymind, und nicht allein er, sondern alle Bodyminds. Alles, was Form hat, wozu natürlich auch Flora und Fauna gehören. Letztlich: das Universum.

Die Software steuert alles in einem Computer. Der unpersönliche, universale Geist steuert alles im Universum. Mehr noch: Er ist es! Jedoch wie die Software in ihm verborgen. So wie ohne Software in der Hardware nichts läuft, so läuft in diesem Universum nichts ohne den unpersönlichen universalen Geist!

Und wer sollte das erkennen, wenn nicht der unpersönliche universale Geist? Die Erscheinungen sicherlich nicht! Das wäre so, als würde die Hardware ihre Software erkennen! Unmöglich!

Wenn sich also Erkennen oder klares Sehen ereignet, erkennst du *am Erkennen der Wahrheit*, dass du nichts anderes bist und sein kannst als der unpersönliche universale Geist. Weil ja nur er zu erkennen vermag. Nicht du als eine seiner Erscheinungen. Das Erkennen findet lediglich mit dir statt, mit dir als der „Hardware". Dem Apparat also, mit dem der unpersönliche universale Geist wahrnimmt.

Ohne dich als Apparat ist er aufgeschmissen! So wie die Software ohne Hardware wirkungslos ist. Doch du als Apparat bist ebenso auch ohne den unpersönlichen universalen Geist aufgeschmissen. Du bist dann das, was man tot nennt.

Also bist du wer? Bingo! Der unpersönliche universale Geist! Was denn sonst? Und mitnichten der Apparat, mit dem und durch den der unpersönliche universale Geist „arbeitet"!

Weil der Apparat aber so wichtig ist, im Grunde wichtiger als der unpersönliche universale Geist, weil der ja ohne Apparat sozusagen impotent, handlungsunfähig ist, steht der Apparat im Vordergrund all der Aktivitäten, die der unpersönliche universale Geist unternimmt!

Weil der Apparat jedoch nur Instrument des unpersönlichen universalen Geistes ist, ist der unpersönliche universale Geist alles und der Apparat „nur" ein Apparat und keineswegs mehr.

Daher bin ich der unpersönliche universale Geist und nicht der Apparat, den ICH respektive der unpersönliche universale Geist benutzt, um sich manifestieren zu können!

Der Apparat ist jedoch nicht beschränkt auf den Bodymind, den ich als meinen bezeichne. Denn der allein wäre ohne Kontext nicht nur undenkbar, sondern gar nicht erscheinbar. Denk dir den Bodymind ohne sonst was, ohne was um ihn rum! Na, was meinst du? Könnte er wohl erscheinen? Nein, wirst du antworten, gänzlich unmöglich!

Und schon haben wir den Beweis, dass der Apparat nicht(s) weniger ist als das, was wir als Universum bezeichnen! Wow! Oder? Das ist doch ein Wow wert! Oder etwa nicht?

> Somit bin ich das Universum in meiner Erscheinung
> und der unpersönliche universale Geist in meiner Essenz.

Wow, wow, wow! Oder nicht? Mindestens dreimal wow! Stimmt's?

Du kannst dich als unpersönlicher universaler Geist jedoch nicht „zeigen"! Ebenso wie sich die Software nicht zeigt! Sie ist in der Hardware verborgen, und daher ist das, was sich zeigt, lediglich das, was mit der Hardware, also auf dem Monitor eines Computers erscheint.

Das Universum ist der unpersönliche Geist in seiner Manifestation. Zwar in ihr verborgen, jedoch gleichzeitig alles, was sein Erscheinen ermöglicht. Und das Erscheinen erscheint angesichts dessen, was der unpersönliche _universale_ Geist ist, ziemlich mickrig, betrachtet man den einzelnen Menschen. Seien wir ehrlich! Entsteht angesichts dessen in dir nicht die Frage: Das soll der unpersönliche universale Geist sein?

Wenn du „nur" die Funktionen des menschlichen Körpers betrachtest, wirst du ihn als genial konstruiert bezeichnen müssen. Siehst du aber auf sein Verhalten, sowohl auf deins als auch das der anderen, wirst du eher vom Gegenteil überzeugt sein! Stimmt's? Oder habe ich recht? ☺

Schauen wir nur auf die aktuelle Kontroverse Kim gegen Donald. (Allein ihre Namen klingen wie die von Comicfiguren). Der sogenannte Nordkorea-Konflikt. Was siehst du? Ich sehe zwei sich streitende Kinder. _Ich bin stärker als du_, rufen beide. Der eine stets lauter noch als der andere. Und die anderen Kinder im Kindergarten stehen dabei und können nur darauf warten, ob und wann der Streit eskaliert und sie nicht nur mit Worten aufeinander eindreschen.

Das soll der unpersönliche universale Geist sein? Oh ja, was denn sonst? Es gibt ja nur den unpersönlichen universalen Geist! Er spielt beide Seiten, das uralte Spiel: Gut gegen Böse! Wobei das, was Gut und was Böse ist, gänzlich abhängig ist von der Perspektive, mit der das Spiel betrachtet wird.

Wäre es kein Spiel des unpersönlichen universalen Geistes, müsste mensch besorgt sein. Da es aber eins ist, ist keine Sorge vonnöten. Selbst wenn ein Atomkrieg ausbrechen sollte, was ich natürlich wie jeder andere Mensch keineswegs hoffe, wäre er unvermeidbar, wenn er determiniert ist.

Den unpersönlichen universalen Geist würde dies nicht betreffen, denn er ist unzerstörbar. Er würde in jedem Fall „überleben"! Denn er ist ja, was Leben ermöglicht. Die einzig wirklich wichtige Frage ist daher, ob dir bewusst ist, dass du der unpersönliche universale Geist bist. Denn ist dies bewusst, kennst du weder Sorge noch Angst. Sie mag zwar erscheinen, doch sie ist nicht (mehr), was du bist!

Sela!

# Nichts anderes als Das-Was-Wahrnimmt nimmt wahr

*Unfreie Menschen gehen davon aus, dass ein projiziertes Objekt (Hans Jedermann) ein anderes projiziertes Objekt wahrnimmt. Aber „Hans Jedermann" als projiziertes Objekt kann nichts sehen, da er selbst nichts anderes als ein Gegenstand der Wahrnehmung ist.*

*Die Einfache Erkenntnis, S. 19*

Warum kann eine Leiche nicht wahrnehmen? Sie verfügt ja schließlich noch über ein Sehorgan, ein Hörorgan, ein Riechorgan etc. Nun, wirst du mir höchstwahrscheinlich kopfschüttelnd entgegnen, was nützen die Wahrnehmungsinstrumente, wenn sie nicht mehr funktionieren? Eben, antworte ich, denn es sind ja nur Wahrnehmungsinstrumente! Oder präziser formuliert: Mensch selbst ist ein Wahrnehmungsinstrument. Mehr ist er keineswegs.

Das-Was-Wahrnimmt (und Welt so erlebt, als sei Mensch das-was-wahrnimmt) bedient sich des Instruments namens Mensch, UM sich selbst als Sein wahrzunehmen und wahrnehmen zu können, denn ohne Instrument kann nichts wahrgenommen werden.

Welt ist die andere Seite der Medaille. Eine bezeichnen wir als Nichts, die andere als Sein. Doch das Nichts und das Sein sind – wie bei einer Medaille - nicht voneinander getrennt. Sie gehören zusammen, obgleich sie durchaus voneinander unterschieden werden können.

Erlöschen die Funktionen des Wahrnehmungsinstruments Mensch, ist Das-Was-Wahrnimmt in seinem Wahrnehmen auf andere Wahrnehmungsinstrumente angewiesen. Das Nichts kann nur mit einem Wahrnehmungsinstrument „sein(en)". Wenn das aber so ist, ist es nie der Mensch, welcher wahrnimmt, obgleich es so zu sein scheint.

Das-Was-Wahrnimmt ist nicht darauf angewiesen, dass es mit jedem seiner Wahrnehmungsinstrumente wahrnimmt, dass es das ist, was wahrnimmt. Daher nimmt Das-Was-Wahrnimmt auch nur in einigen wenigen Menschen wahr, dass dem so ist. Das wird nur dann als Bevorzugung wahrgenommen, wenn der Mensch es von seiner Warte aus betrachtet: Warum nimmt XY wahr, dass er nur ein Instrument der Wahrnehmung ist und ich nicht? Wenn aber Das-Was-Wahrnimmt wahrnimmt, dass der Mensch nur ein Instrument der Wahrnehmung ist, wird sogleich verstanden, dass es mitnichten um Bevorzugung, sondern schlicht um verschiedene Arten der Wahrnehmung geht.

Wieso sollte Das-Was-Wahrnimmt mit allen Menschen wahrnehmen, dass der Mensch selbst nicht wahrnehmen kann, sondern allein Das-Was-Wahrnimmt? Welchen Grund könnte es für Das-Was-Wahrnimmt geben, Sein mit allen Wahrnehmungsinstrumenten auf dieselbe Weise wahrzunehmen? Denkt man über diese Frage nach, kommt man recht schnell zu der Schlussfolgerung, dass dies – ökonomisch betrachtet – Verschwendung von Ressourcen wäre!

Freilich ist dies keine Sichtweise, die für den Menschen von Bedeutung wäre. Er sieht sein Bedürfnis nach Frieden oder Freiheit oder Glückseligkeit und interessiert sich nicht die Bohne für die Ökonomie Gotttes! Gottt aber ist bezüglich seiner Ressourcen ökonomischer als die IUCN[17]. 7,5 Milliarden Menschen eröffnen ihm die Möglichkeit, 7,5 Millionen Mal unterschiedlich wahrzunehmen. Mit jedem Instrument anders. Sogar diametral entgegengesetzt.

Selbst mit den Instrumenten, mit denen Das-Was-Wahrnimmt sich als Das-Was-Wahrnimmt wahrnimmt, wird unterschiedlich wahrgenommen. Hör dir beispielsweise Ramana Maharshi, Nisargadatta Maharaj und Ramesh Balsekar an. Obgleich Das-Was-Wahrnimmt mit ihnen allen realisierte, dass wir nur Instrumente der Wahrnehmung sind, formulierten sie das jeweils anders. Verschiedene

---

[17]    (International Union for Conservation of Nature and Natural Resources; deutsch „Internationale Union zur Bewahrung der Natur und natürlicher Ressourcen")

Formulierungen beweisen daher die Unterschiedlichkeit der Wahrnehmung.

Wenn wahrgenommen wird, das allein Das-Was-Wahrnimmt wahrnimmt und keineswegs „ich", werde ich als menschliches Wesen zu dem, was ich vorher schon war, nämlich zu einem Instrument der Wahrnehmung, das keine andere Funktion hat, als Dem-Was-Wahrnimmt zur Verfügung zu stehen.

Dass dies nicht mit jedem Menschen realisiert wird, liegt daher nicht etwa am Menschen, sondern ist in der Ökonomie Gotttes begründet, die darin besteht, (sein) Sein auf unzählig unterschiedliche Art und Weise wahrzunehmen.

So wie „du" im Moment Sein wahrnimmst, nimmt Das-Was-Wahrnimmt (sein) Sein wahr. Es kann nicht anders sein, weil „du" nicht wahrnehmen bzw. nur scheinbar wahrnehmen kannst.

Wenn „du" fragst, weshalb Das-Was-Wahrnimmt Sein so „beschissen" wahrnimmt, wie „du" dein Sein (vielleicht) gerade im Moment empfindest, gibt's darauf nur eine einzige Antwort: Das-Was-Wahrnimmt fragt sich, weshalb es sich so beschissen wahrnimmt! Denn – erinnere dich – „du" bist nur ein Instrument Dessen-Was-Wahrnimmt! Nichts anderes als Das-Was-Wahrnimmt nimmt wahr!

# La Bella Figura

*Selbst die Weisen passten sich nicht konsequent an irgendwelche Normen der Heiligkeit an. Ihre phänomenalen Erscheinungen verhielten sich gelegentlich sehr unheilig, und ihre Phänomenalität beschränkte sich dabei keineswegs auf ihre körperlichen Funktionen.*

*Die Einfache Erkenntnis, S. 90*

Weise sind eine besondere Spezies. Menschsein ist in ihrer Wahrnehmung nur ein Kostüm. Und nur wem erlaubt wird zu sehen, was das Kostüm verbirgt, wird sich von ihnen angezogen fühlen. Er wird nicht widerstehen können, selbst dann nicht, wenn sich der Weise auf eine Weise verhält, die sich für einen Weisen „nicht gehört."

Normen der Heiligkeit sind für einen Weisen lachhaft, kindisch, absurd. Grundsätzlich betrachtet könnte ein Weiser im Kostüm eines Samurais im Krieg, eines Lebemenschen in einem Nachtlokal, eines ungewaschenen Penners unter den Brücken von Paris erscheinen. Nur um einmal einige Extreme zu nennen. In der Wahrnehmung eines Weisen wären es nur Kostüme.

Nun fragst du wahrscheinlich: Gibt es denn dann Merkmale, an denen du einen Weisen erkennen kannst? Und ich antworte: Nur dann, wenn du ihn erkennen sollst! Du könntest sogar mit ihm zusammenleben, als Partner, als Freund, als Kollege, als Nachbar, sogar als dessen Mutter oder Tochter, ohne ihn als Weisen zu identifizieren!

Woher weißt du das, magst du mich fragen. Und ich antworte: Weil ich es genauso erlebe. Es gibt Menschen, die mich schon Jahre und Jahrzehnte kennen und noch immer glauben, ich sei ein ganz netter Kerl oder ein Riesenarschloch! Je nachdem, wie ich ihnen in dem, was man Wahrnehmung nennt, erscheine. Dafür können sie nix. Weil „sie" weder sehen noch erkennen noch bewerten können. Weil nur Das-Was-Wahrnimmt wahrnehmen kann. Und weil sie Marionetten sind,

Puppen, determinierte Gestalten, die noch nicht einmal darüber entscheiden, wann sie die Augen auf- oder niederschlagen!

Wie sollten sich Weise an Normen anpassen können? Unmöglich! Nicht allein deshalb, weil sie Normen als pures Theater durchschauen, sondern auch und insbesondere deshalb, weil sie ihr Verhalten ebenso wenig zu steuern vermögen wie jeder andere Mensch! Ein Weiser zu sein hat mit dem Menschen, in dem sich Weisheit offenbart, nur insofern zu tun, als es demselben bestimmt ist, weise zu sein. Das zu erkennen ist dem Unweisen vollkommen unmöglich. Und genau das und eigentlich NUR DAS unterscheidet ihn von einem Weisen. Seine Unfähigkeit, sich selbst und auch alle anderen Menschen in jeglicher Hinsicht und zu 100 Prozent als Figur zu realisieren, deren Verhalten und Handeln überhaupt nicht von ihm abhängt!

Diese Klarheit bezeichne ich neuerdings als noumenale Erleuchtung. Weil sie „mit" dem Wahrnehmungsgerät Mensch und nicht „in" ihm stattfindet! Gottt selbst erkennt sich als die Kehrseite der Medaille, das Nichts. Seine materielle, sichtbare, gestaltvolle Seite. Die nicht erst entstand. Durch Urknall und Evolution. Sondern die ebenso zeitlos ist wie das Nichts. Wie seine Unsichtbarkeit. Unfühlbarkeit, Un(an)greifbarkeit, Nicht-Existenz. Daher ist sie da, sobald sie wahrgenommen wird. Es bedarf keines Schaffens, keines Ackerns, keiner Anstrengung, keines kreativen Akts. Was wir als Welt oder Universum zu bezeichnen gewohnt sind, **ist** Gottt, **ist** die Essenz. Und damit bist du es. DAS BIST DU. GOTTT SELBST.

Komm nicht durcheinander, wenn du mit ihm sprichst, dich bei ihm bedankst, dich bei ihm beklagst. *Lass diesen Kelch an mir vorübergehen,* sagte Jesus. Als hätte er nicht gewusst, dass dies gänzlich unmöglich ist! Hatte er auch noch kurz zuvor gesagt: *Der Menschensohn muss ausgeliefert werden,* so ist dieses absurde Theater doch unumgänglich in der Manifestation.

Gottt ist Mensch und verhält sich daher als ein solcher! Wie klar du auch siehst, dass du Gottt bist, das Universum bist, das Eine bist ohne ein Zweites, Menschsein begrenzt dich! Scheinbar natürlich, nur scheinbar. Die Scheinbarkeit jedoch, sie wirkt dermaßen real, dass du immer wieder, und wenn auch nur kurz, deine Göttlichkeit aus den Augen verlierst. Insbesondere im Schmerz (Mein Gottt, mein Gottt, warum hast du mich verlassen?), jedoch manchmal auch in der Freude. Das sollte dich aber nicht bekümmern, denn wenn „du" sie aus den Augen verlierst, verliert sie „Gottt" aus den Augen! Schlicht deshalb, weil du Gottt bist!

Du kannst nichts anderes als Gottt sein! Selbst wenn du zum Teufel würdest, wärst du immer noch Gottt! Womöglich flennst du und möchtest dir das Leben nehmen. Selbst dann wärst du Gottt!

Du fragst: Aber was nützt mir diese Erkenntnis, wenn ich flenne und mir das Leben nehmen will?

Die Antwort ist: nichts! Die Erkenntnis, Gottt zu sein, nützt dir ebenso wenig wie Gottt die Menschengestalt nützt! Nichts nützt irgendwas! Aber Fakt ist, dass die Welt die Kehrseite Gotttes ist. Verstehst du? So IST Gottt. Er hat sich das nicht etwa ausgesucht!

Solange du ein religiöses Gottesbild im Schädel hast, wirst du nicht verstehen (können), was ich gerade schrieb. (Obgleich auch in diesem Fall natürlich Gottt ein religiöses Gottesbild im Schädel hat!)

> Gottt geschieht sich ebenso wie sich ein Borkenkäfer geschieht.
> Hat er sich sein Schicksal ausgesucht? Never ever!

Dass wir nach einem Nutzen suchen, gehört jedoch genauso zum Menschsein wie alles andere, was wir erleben. Dass es aber keinen Nutzen gibt, gehört auch dazu. Gottt nützt sich selbst ebenso wenig wie er sich nicht abnützt. ☺ Ob du wegen dieser Erkenntnis in Glückseligkeit schwelgst, nüchtern und sachlich mit dem Kopf nickst oder ihn schüttelst, ist nichts als dein Schicksal. Und damit das Schicksal Gotttes. Aus diesem Grund schrieb ich in meinem letzten Buch „Das Schicksal ist alles", dass Gottt und Schicksal austauschbare Begriffe sind.

Diese Erkenntnis wird, wenn du einem Menschen begegnest, dessen Verhalten Aggression in dir auslöst, nicht dazu führen, dass du ihn umarmst. Obgleich selbst das möglich wäre! Doch was auch passiert – es ist Gottt, dem's passiert.

---

Gottt passiert sich immer nur selbst!

---

Es kann immer nur Gottt sein, und es ist vollkommen unabhängig vom jeweiligen Verhalten oder Erleben. Phänomenale Erleuchtung dagegen ist auf die Bella Figura[18] fokussiert! Was in ihr geschieht. Nicht mir ihr geschieht. Daher muss die Figur stets in Glückseligkeit baden. Und tut sie dies nicht, scheint die Erleuchtung verloren gegangen zu sein. Dann wird beispielsweise wieder ein Ich wahrgenommen. Und ein Widerstand im Inneren deutet darauf hin, dass die Erleuchtung ihr Werk noch nicht vollendet hat!

Alles Pillepalle! Aber in jedem Fall Gottt. Gottt ist dann sozusagen im Pillepalle-Modus. Und grämt sich. Denn unabhängig von Gottt passiert nichts. Obgleich es freilich so zu sein scheint.

Ich bin weit davon entfernt zu behaupten, die Figur sei unwichtig oder belanglos. Im Gegenteil: Ohne sie ist Gottt nicht erfahrbar! Weder in seiner Essenz noch in seinem Ausdruck! Ich behaupte auch nicht, das Verlangen, eine Bella Figura zu machen, werde irrelevant. ICH möchte als Figur freilich so „bella" wie möglich erscheinen! ICH möchte meine Figur so „bella" wie möglich erleben! Du auch? Würde mich wundern, wenn's anders wäre!

Mir wurde lediglich der Glaube genommen, dass meine Figura etwas anderes ist und sein kann als ein Instrument dessen, was ich heute als GOTTT bezeichne. Morgen womöglich wieder als Schicksal. Und übermorgen vielleicht als Bewusstsein.

---

[18]    gute Figur

# Eine magische Wahrnehmungsverschiebung

*Du kannst keinen Täter irgendeiner Tat, keinen Denkenden irgendeines Gedankens, keinen Wahrnehmenden irgendeiner Wahrnehmung finden. Das Un(auf)findbare ist alles, was wir sind, und das Unauffindbare ist das Gefundene.*

*Die Einfache Erkenntnis, S. 79*

Wenn der Begriff „magisch" irgendetwas bedeutet, dann die Erscheinung des Universums betreffend. Du erwachst aus dem Tiefschlaf und erlebst sie, die Traumwelt. Zunächst. Dann gibt's ein zweites Erwachen. Zusammen mit dem, was wir „meinen Körper" nennen.

Der einzige Unterschied besteht darin, dass wir beim ersten Erwachen im Bett liegen und das tun, was man „schlafen" nennt, und beim zweiten Erwachen den Schlaf hinter uns lassen. Beide Male erscheint es, das Universum. Wobei wir es nicht in seiner Gänze erleben. Daher bezeichne ich das Universum gern als Erlebniskosmos.

Schau, allein zu behaupten: Ich erwache, bedingt einen, der erwacht. Stimmt's? Was macht es denn für einen Sinn zu behaupten: Ich bin erwacht, wenn du den, der erwacht, nicht zu finden vermagst?

Erwachen findet ebenso statt wie Zubettgehen. Keiner zu finden, der das eine oder das andere „macht". Es geschieht ebenso wie das Erscheinen der Sonne am Morgen oder des Mondes beim Eintritt des Abends.

Und wer schaut denn dem zu? Wer beobachtet dies? Auch den Beobachter wirst du nicht zu finden vermögen! Was du feststellen kannst, ist lediglich, dass wahrgenommen wird! Stimmt's?

Magisch ist daher das einzige Wort, das zutreffend ist. Zauberhaft ginge auch. Unerklärlich nämlich. Linear gedacht. Von hier nach da.

Deshalb scheitern ja auch alle Schöpfungstheorien. Ein Anfang lässt sich nämlich ebenso wenig finden wie ein Ende. Versuch's! Versuche dir einen Beginn und ein Ende vorzustellen! Stets wird das lineare Denken die Fragen stellen:

Und davor?

Und danach?

Mit dem linearen Denken kommen wir keinen Schritt weiter. In dieser Sache. Wir müssen es an den Nagel hängen. Was die Erscheinung des Universums anbelangt, meine ich freilich. Was deine Urlaubsplanung anbelangt, brauchst du es nach wie vor. Das ist klar.

Lass mich dir beschreiben, wie ich das Erscheinen „meines" Erlebniskosmos betrachte. Vielleicht springt der Funke ja über und entzündet das in dir bereits vorhandene Wissen...

Versuche dir vorzustellen, du wärst ein Raum, der Augen besitzt. In diesem Raum – also in dir – befinden sich eine Reihe von Menschen, Tieren und Pflanzen. Der Raum ist jedoch unbeleuchtet, und daher sind seine Augen vollkommen nutzlos. Sie vermögen nicht zu sehen, was im Raum, der du bist, vor sich geht. Dann aber, mit einem Schlag, wird der Raum beleuchtet. Und alles, was drin ist, wird sichtbar.

Wo kommen sie her, all die Menschen und Tiere und Pflanzen? Wäre das nicht die Frage, die sich der Raum stellen würde? Wer hat sie reingesetzt? Wie sind sie entstanden?

Versuche dir weiterhin vorzustellen, dass **ein** Mensch unter all den Menschen im Raum den Raum vergessen lässt, dass er der Raum ist, in dem alles erscheint. In seiner Wahrnehmung ist er – wiederum auf magische Weise - dieser Mensch, und all die anderen Menschen, Tiere und Pflanzen werden als diesen Menschen umgebend wahrgenommen.

Eine magische Wahrnehmungsverschiebung hätte stattgefunden. Obgleich der Raum weiterhin lediglich Raum ist, sind die Augen des Raums nun scheinbar die Augen **eines** Menschen. Eines spezifischen

Menschen, der glaubt, er nehme den Raum mitsamt seinem Inhalt wahr.

Wäre es nicht denkbar, dass dieser Mensch herausfinden möchte, auf welche Weise er entstand und welchen Sinn sein Erscheinen im Raum hat? All die Ideen über das Entstehen und Verschwinden der Erscheinungen im Raum wären jedoch nur Ideen. Denn Fakt wäre ja, dass der Raum samt seines Inhalts lediglich „beleuchtet" wurde. Nichts wäre entstanden, nichts würde verschwinden. Nur in der Wahrnehmung existierten Anfang und Ende. Nur in der Wahrnehmung wäre der Raum ein winziges Menschlein, durch das der Raum sich in seiner Wahrnehmung lediglich begrenzt.

An dieser Stelle endet die Metapher, denn der Raum, der wir sind, ist ein raumloser Raum! Er kennt weder Anfang noch Ende. Aus diesem Grund können jedes Jahr neue Gestirne im Raum entdeckt werden. Nie wird ein Ende erreicht sein. Leider bin ich nicht in der Lage, meine Sichtweise wissenschaftlich zu begründen, wie Einstein dies so brillant konnte. Jedoch selbst das Genie bezeichnete seine Theorie, dass das Universum sich entweder zusammenzieht oder ausdehnt – bekannt als *Kosmische Konstante* - später als „größte Eselei!"

Als wissenschaftlich ungebildetem Menschen fiel mir für das, was ich im Inneren sehe, nur die Metapher der Münze mit ihren zwei Seiten ein. Dreht sich die Münze, erscheint entweder Nichts oder Sein. Wie die Münze verändert sich Das-Was-Wahrnimmt niemals. Es hat nur zwei Seiten. Wenn Sein erscheint, erscheint das, was wir als Universum bezeichnen. Erscheint „Nichts", wird freilich auch nichts wahrgenommen.

Du als Das-Was-Wahrnimmt, nimmst daher nie einen Ortswechsel vor! Du bist immer nur das, was wahrnimmt. Der raumlose Raum, in dem es Nacht und Tag werden kann.

# Teil IX

Je mehr ein Mensch sich selbst fühlt und versucht, dieses Selbst zu intensivieren und eine niemals erreichbare Vollkommenheit zu erreichen, desto drastischer tritt er aus dem Zentrum des Seins.

Eugen Herrigel

# Die ursprüngliche Reinheit

*Es gibt kein Selbst und kein anderes. Es gibt keinen schlechten Wunsch und keinen Ärger, keinen Hass, keine Liebe, keinen Sieg, keine Niederlage. Verzichtet nur auf den Irrtum der begrifflichen Denkvorgänge, und eure Natur wird ihre ursprüngliche Reinheit ausstrahlen.*

*Huang-po, zitiert von Terence Gray in „Die Einfache Erkenntnis",*
*S. 79*

Wie war das noch gleich, als ich ein Kind war... Ich schrie, weinte, hasste, liebte, ich hatte Wünsche, solche, die sich erfüllten, und freilich auch solche, die sich nicht erfüllten, wusste jedoch nicht, was gut und was schlecht war. Das wurde mir erst beigebracht.

Vorhin suchte ich einen USB-Stick. Alles Wichtige ist da drauf. Ich speichere das nicht auf meine Festplatte. Der Stick ist meine Festplatte. Ich schau nach, sie ist nicht da, wo sie immer ist. Wieso nicht? Wo ist sie? Wenn sie nicht im Notebook steckt, kann sie nur da oder dort sein! Ich suche. Da oder dort ist sie auch nicht. Da, wo sie sein müsste. Ich suche woanders. Ich werde nervös. Suche wieder woanders.

UB, denkt sich, UB. (Das ist meine Abkürzung für Unter-bewusstsein). Such den Stick! Come on! Ich finde ihn nicht. Mehr sag ich nicht. Mehr ist auch nicht nötig. Mein innerer Spürhund lässt meine Füße dahin gehen und meine Hand an den richtigen Ort greifen.

Ich bin durch irgend 'nen Mangel genauso betroffen wie Menschen ohne die Klarheit, dass sie nicht existieren. Denn wenn ich in meiner Wahrnehmung auch nicht existierte - erscheinen tu ich in jedem Fall! Und die Anforderungen des Alltags sind genau die gleichen. Die Reaktionen des Bodyminds auch.

Doch ich bin (wieder) ein Kind. Obgleich ich lernte, Gut und Böse, Liebe und Hass, Nervosität und Gelassenheit „begrifflich" zu unterscheiden. Und ich kann das noch immer. Ich kann sogar überschreiben wie beim Textprogramm. Ich kann es artikulieren. Ich kann's, notwendig erscheint es mir aber nicht!

Das unterscheidet den Werner von heute von dem Werner der Kindheit. Als ich noch nicht fähig war, Begriffe zu bilden für das, was jeweils in mir bzw. mit mir geschah. Dass er es nun „kann". Obgleich die Begriffsbildung heute bedeutungslos ist. Was sich jeweils abspielt, findet in meiner Wahrnehmung *mit mir* statt. Nicht <u>in mir</u>.

*In mir* kann ich freilich auch sagen, weil es ein innerer Vorgang ist. *Mit mir* ist jedoch wesentlich besser geeignet. Der Saugvorgang findet zwar <u>in</u> einem Staubsauger statt, weil den Staubsauger jedoch eine Hand führt, ohne welche er zum Saugen des Wohnzimmerbodens unfähig wäre, findet das Staubsaugen letztlich <u>mit</u> ihm statt.

*Verzichtet nur auf den Irrtum der begrifflichen Denkvorgänge, und eure Natur wird ihre ursprüngliche Reinheit ausstrahlen!*

Gut gebrüllt, Löwe! Er hat ja recht, der gute Huang-po[19]. Wie aber sollte begriffliches Denken verschwinden? Wie könnte man darauf verzichten? Kann man es etwa wie eine Speise verschmähen? Kann

---

[19]     Huangbo Xiyun (chinesisch 黃檗希運, Pinyin *Huángbò Xīyùn*, W.-G. *Huang-po Hsi-yün*; jap. Ōbaku Kiun; † 850) war einer der größten chinesischen Chan-Meister und Lehrer von Linji Yixuan (jap. Rinzai Gigen) und somit auch Wegbereiter des chinesischen Linji-Chans und des japanischen Rinzai-Zen. Schon in jungen Jahren verließ er seine Eltern und trat in ein Kloster auf dem Berg Huangbo ein. Huangbos Lehre vom „Einen Geist" enthält in sehr prägnanten und einfachen Formulierungen die Essenz des Zen. Sie soll dem Schüler zur intuitiven (unmittelbaren) Erfahrung der Wahrheit führen, ohne die Zwischenschaltung von begrifflichem Denken und zufälligen Gefühlen. (Wikipedia)

man es womöglich schreddern? Oder kann man es wie eine Tontaube abschießen, sobald es in der Wahrnehmung erscheint?

Selbst wenn man es versuchte, wäre es wenig zweckdienlich. Weil alles, wogegen du dich zur Wehr setzt, in noch stärkerem Maße wiederkehrt. Schon bemerkt? Du willst ihn/sie nicht mehr lieben! Du willst kein Gefühl mehr für ihn/sie zulassen! Du willst jeden Gedanken an ihn/sie vermeiden! Aber ach, je kraftvoller du Gedanken und Gefühle zurückweist, desto häufiger und intensiver besetzen sie deinen Geist!

*Ihr müsst werden wie die Kinder*, sagte Jesus. Stimmt ebenso wie die Aussage Huang-pos. Doch wie wird man als Erwachsener wieder zum Kind? Ist mindestens ebenso schwer und letzthin unmöglich wie der Verzicht auf begriffliches Denken!

Ursprüngliche Reinheit! Kinder haben sie. Nur Kinder haben sie. Schon in der Pubertät geht sie uns verloren. Und später ist es nicht besser, eher schlechter um sie bestellt. Stimmt doch, oder schreib ich was Falsches?

Wie verliert man nur das begriffliche Denken? Ist das deine Frage? Oder weißt du bereits um die Antwort? Einige wissen sie sicher. Das sind all jene langjährigen Leser, die meine Abo-Texte weder zur Desillusionierung noch zur Dekonditionierung brauchen. Sie lesen nur noch zum Spaß – sozusagen. Jeder Text ist ihnen Genuss. Jeder Text bestätigt nur einmal mehr ihre Klarsicht. Sie wollen nicht auf die Texte verzichten. So wie sie nicht auf die Sahne im Kaffee verzichten möchten. Das war nicht immer so. Es gab jene Zeitspanne, in welcher sie womöglich nicht einmal desillusioniert, geschweige denn dekonditioniert waren. Irgendwann aber geschah die Kurskorrektur. Und die lautet wie folgt:

> Ich bin nur sekundär, was erscheint,
> primär bin ich, worin alles erscheint.

Und genau da ist der Abfall! Welcher Abfall? Abfall von Gott? Na ja, vom persönlichen in jedem Fall. Doch diesen Abfall meine ich nicht. Ich meine vielmehr den Abfall von der Vorstellung eines Denkers, der denkt, dass er denkt! Diese hirnrissige Imagination, die uns das Leben kaputt macht! Weil sie Unmengen Schuld auf uns lädt! „Oh Gott, was habe ich da nur wieder angerichtet!?" Weil sie Unmengen Schuldzuweisungen erzwingt. „Wie kann der nur so schlecht über mich denken?" Oder „Ich hätte niemals gedacht, dass der so schlecht von mir denkt!"

Na ja, wie soll er denn anders über dich denken, als er über dich denkt, wenn diese Gedanken Eingang in sein Gehirn finden? Und wie solltest du anders über ihn denken, wenn dein Gehirn nicht vom Eindruck persönlicher Täterschaft befreit wurde? Von ihm befreit wirst du wieder zum Kind; und die ursprüngliche Reinheit, die dich nie wirklich verließ, kehrt wieder zurück!

# Das Verschwinden abstrakten Mitgefühls

*Es gibt keinen, der leidet. Wir leiden nur scheinbar – als Resultat unserer illusorischen Identifizierung mit einem phänomenalen Objekt.*

*Das Offenbare Geheimnis, S. 23*

Weshalb hast du nur so wenig Mitgefühl, wurde ich kürzlich gefragt, als es im Gespräch wieder einmal um die blauäugige, unrealistische und unverantwortliche Flüchtlingspolitik unserer derzeitigen Regierungschefin ging. Worauf ich antwortete: Abstraktes Mitgefühl ist aus meinem KörperGeistOrganismus verschwunden!

Vor einigen Monaten trat mein Hund in einen Dorn und wimmerte so erbärmlich, dass mir die Tränen in die Augen traten. Und ich tat mein Bestes, um seine Pfote vom Dorn zu befreien, was mir Gott sei Dank auch gelang. Ob bei Mensch oder Tier - nehme ich Leiden unmittelbar wahr, bin ich oftmals zu Tränen gerührt. Und der Impuls, Schmerz zu mindern und, wenn irgend möglich, das Wesen davon zu befreien, ist durchaus vorhanden.

Ohne das *unmittelbare* Erleben leidender Wesen kommt jedoch kaum einmal Mitgefühl in mir auf. Wozu auch? Was könnte es bewirken? Wem wäre damit geholfen? Ein desillusionierter KörperGeistOrganismus ist zwar funktional, jedoch nicht mehr fiktional identifiziert. Das klingt in den Ohren fiktional identifizierter Wesen hart oder gar unmenschlich, wird aber schlicht so erlebt.

Was ich nicht konkret und unmittelbar beeinflussen kann, führt daher auch nicht zu einer Handlung. Deshalb bündeln sich meine Kräfte und meine Aufmerksamkeit auf die Funktion, die meiner Bestimmung entspricht. Und das ist in meinem Fall in erster Linie der Verweis auf die absolute Wahrheit.

Das bedeutet nicht, dass mich nichts sonst interessiert! Ich war beispielsweise schon immer ein politischer Mensch; und deshalb lassen mich politische oder gesellschaftliche (Fehl)Entwicklungen nicht etwa kalt. Mehr als auf dieselben zu verweisen, ist mir jedoch offenbar nicht bestimmt. Deshalb gehöre ich keiner politischen Partei an. Deshalb engagiere ich mich auch nicht politisch oder gesellschaftlich. Mich interessieren nicht einmal Geburtstage.

Ein Mensch, der sich längere Zeit für meinen Dienst interessierte, regte an, mich für eine Tafel[20] zu engagieren. Er tue dies nämlich in seiner Stadt. Nachdem ich ihm geschrieben hatte, dass ich sein Engagement vorbildlich fände, es für mich jedoch nicht in Frage kommt, schrieb er mir in vorwurfsvollem Ton, ich könne wohl nur reden und schreiben, anstatt konkrete Hilfe zu leisten.

Fürwahr! So ist es. Doch ich habe dabei nicht das geringste schlechte Gewissen. Weil ich so funktioniere. So und nicht anders. Wäre es meine Bestimmung, mich für eine Tafel oder eine politische Partei zu engagieren, wäre ich gänzlich chancenlos, ihr zu widerstehen.

Es ist der Eindruck persönlicher Täterschaft, der uns in ach so wichtige Engagements treibt, die nichts anderes sind als pure Energieverschwendung. Nichts kommt dabei heraus. Außer das Gefühl, nützlich zu sein. Das brauchst du aber mitnichten, wenn du nicht mehr fiktional identifiziert bist!

Es ist in meiner Wahrnehmung nichts Besonderes, mich um den Sohn meiner Frau zu kümmern, obgleich ich ihn nicht zeugte. Er wurde in meinen Erlebniskosmos gesetzt; und somit trage ich auch eine gewisse Verantwortung für ihn. Das Gleiche gilt selbstverständlich für meine Frau. Und natürlich auch für unseren Hund. Jetzt, wo er da ist. Zuvor

---

[20]  Tafel ist die Bezeichnung für gemeinnützige Hilfsorganisationen, die Lebensmittel, welche im Wirtschaftskreislauf nicht **mehr** verwendet und ansonsten vernichtet werden würden, an **Bedürftige** verteilen oder gegen geringes Entgelt abgeben. (Wikipedia)

habe ich mich für Hunde nicht interessiert. Und interessiere mich auch nicht für andere Hunde. Schlicht deshalb nicht, weil es mir nicht bestimmt ist.

Gegen das, was dir bestimmt ist, vermagst du dich nicht einmal zu wehren! Und wenn dir das bewusst ist, wirst du schlicht und einfach nur funktionieren.

In den Ohren der meisten Menschen klingt so ein Statement fürchterlich! *Ich soll „nur" funktionieren? Wie ein Schaf, wie eine Kuh, wie eine Biene!* Genau! Denn würdest du „nur" funktionieren, wärst du zufrieden. Unzufriedenheit wäre ein Fremdwort für dich. Das Wort Unzufriedenheit existierte nicht mehr in deinem Vokabular.

Wann sind wir denn unzufrieden? Immer nur dann, wenn wir nicht unserer Bestimmung gemäß funktionieren. Sonst nie! *Du willst was und kannst es nicht kriegen.* Überprüfe meine Behauptung. Glaub mir kein Wort.

*Wenn alles Bestimmung ist, Werner,* fragte mich kürzlich eine Dame in der Session, *dann muss es doch auch auf meine Unzufriedenheit zutreffen oder etwa nicht?* Natürlich, erwiderte ich, doch wäre es dir bestimmt, die Ursache deiner Unzufriedenheit aufzuspüren, und wäre es dir weiterhin bestimmt, dich daraufhin mit dem, was ist, wie es ist, abzufinden, würde die Unzufriedenheit weichen.

Bestimmung ist freilich alles, was du erlebst! Keine Frage. Wenn sich aber der illusionäre Eindruck persönlicher Täterschaft aus deinem KörperGeistSystem verabschiedet hat, bist du nicht mehr fiktional, sondern einzig noch funktional mit ihm identifiziert. Und dann fließt das Leben, und alle Unzufriedenheit weicht. Sie hat nämlich keinen Grund mehr zu bleiben. Denn der Grund besteht allein darin, dir zu signalisieren, dass du im Widerstand bist mit dem, was ist, wie es ist und nicht anders sein kann! Insofern ist der Widerstand total ökonomisch!

Daher leg ich die Axt an die Wurzel deiner Probleme und schwafle nicht über spontanes Erwachen oder spirituelle Erleuchtung. Ich empfehle weder Meditation noch Therapie. Alles, was ich empfehle, ist die Untersuchung deiner Funktionen. Physiologische ebenso wie psychologische. (Gern auch mit mir zusammen während einer Session oder einem meiner Events). Weil dir auf diesem Weg klar werden könnte: 1. <u>dass</u> du nur funktionierst und 2. <u>wie</u> du funktionierst!

Und wenn du beides nüchtern und sachlich feststellen könntest, wärst du zumindest intellektuell davon überzeugt, dass du oder das, was du „ich" nennst, nichts weiter ist als ein Biovollautomat, der gänzlich ohne dich auskommt und sogar weit besser ohne dich funktioniert.

Alle Idealvorstellungen würden sogleich gekillt. Wie das Leben sein sollte, wie das Leben sein könnte, wie das Leben sein müsste, UM zufrieden sein zu können! Um in Frieden mit dir und den anderen leben zu können. Oder gar um die Welt zu befrieden.

Zufriedenheit ist ein Ergebnis der Klarheit, „dass" ich nur funktioniere, und auch, „wie" ich funktioniere! Ist das nämlich bewusst, bedarf es keiner weiteren Hilfestellung mehr. Der Biovollautomat ist „repariert" und läuft daher auf vollen Touren.

# Das is ja 'n Ding!

*Keine Form von Objektivierung[21] hat irgendeine Spur von Eigennatur. Ob jemand am anderen Ende des Mikroskops Wellen oder Partikel, Zyklone oder Rühreier sieht – all dies sind Objekte[22]. Was immer er zu sehen meint, ist letztlich DAS WAS SCHAUT; denn was könnte es sonst sein? Mir scheint, die Wissenschaft ist auf ihre eigene Weise zu diesem Schluss gelangt, denn inzwischen wissen sie, dass der Betrachter ein Faktor in jedem beliebigen ihrer Experimente ist.*

*Das Offenbare Geheimnis, S. 155*

Wie so oft geht der Metaphysiker noch einen Schritt weiter als der Physiker und behauptet: *Was immer er (der Mensch) zu sehen meint, ist letztlich DAS WAS SCHAUT!*

Ich empfehle dir heute einmal ein kleines Experiment. Am besten beim Spazierengehen durch die Natur. Oder auch da, wo du gerade stehst oder läufst oder sitzt oder liegst. Schau rundum und denke dabei:

> Was immer ich wahrnehme, ist nur da, **weil** ich es wahrnehme.

Es spielt keine Rolle, ob du verstehst, was du da behauptest oder mir womöglich nur „nachplapperst"! Mach's einfach. Nimm dir ein wenig Zeit dazu. Vielleicht 5 Minuten. Bleib bei dem Gedanken, egal welche anderen sich an ihn anhängen mögen, beispielsweise: Schwachsinn!

---

[21]    **Objektiv** bedeutet nicht sachlich und frei von eigener Meinung, sondern objekt-bezogen und damit eingebildet und illusionär. Ein Objekt hat keine eigene Natur, sondern ist Subjekt in seiner Objektivierung.

[22]    (Dinger/Dinge, Gebilde)

Oder: Woher soll ich wissen, dass das wahr ist? Oder: Check ich nicht! Etcetera.

Vielleicht ereignet sich während dieses Experiments eine kleine Öffnung, in die das Licht der Wahrheit eindringen kann. Denn es ist die Wahrheit und nichts als die Wahrheit. Oder besser noch: die Wirklichkeit. Das, was schaut eben. Stets das, was schaut. Oder wahrnimmt. Denn es ist ja nicht nur Sehen, sondern auch Hören, Schmecken, Riechen, Spüren etcetera.

Der Physiker sagt uns, dass der Beobachter das Beobachtete *beeinflusst.*

*Wenn ein "Quantenbeobachter" zuschaut*[23]

*Die Quantenmechanik besagt, dass Teilchen sich auch wie Wellen verhalten können. Dies kann für Elektronen aus dem Submikrometerbereich zutreffen - d.h. bei Entfernungen, die weniger als ein Mikron, das ist ein Tausendstel Millimeter, messen. Wenn sich Elektronen wie Wellen verhalten, können sie gleichzeitig durch mehrere Öffnungen in einer Schranke wandern und auf der anderen Seite der Schranke wieder zusammentreffen. Dieses "Zusammentreffen" nennt man Interferenz.*

*So eigenartig es klingt - Interferenz kann nur auftreten, wenn keiner zuschaut. Sobald ein Beobachter die Partikel bei ihrem Weg durch die Öffnungen beobachtet, erhalten die Physiker ein völlig anderes Bild: Wenn ein Teilchen beim Durchgang durch eine Öffnung observiert werden kann, ist klar, dass es nicht durch eine andere Öffnung gewandert ist. Mit anderen Worten – unter Beobachtung sind Elektronen "gezwungen" sich wie Teilchen und nicht wie Wellen zu*

---

[23]    Idw- informationsdienst Wissenschaft https://idw-online.de/de/news391

*verhalten. So beeinflusst der bloße Akt der Beobachtung die Ergebnisse der Experimente.*

*Um dies zu demonstrieren, bauten die Wissenschaftler des Weizmann-Instituts ein winziges, kaum ein Mikron großes Gerät, das eine Schranke mit zwei Öffnungen enthielt. Dann richteten sie einen Elektronenstrom auf die Schranke.*

*Der "Zuschauer" in diesem Experiment war kein Mensch. Die Wissenschaftler versteckten sich hinter einem winzigen, aber hochkomplizierten Elektronendetektor, der vorbeisausende Elektronen aufspürt. Die Fähigkeit des "Quantenguckers" zur Elektronenerkennung konnte durch Veränderung seiner elektrischen Leit-fähigkeit, d. h. der Stärke des ihn durchfließenden Stromes verändert werden.*

*Abgesehen vom "Zuschauen" bzw. "Aufspüren" der Elektronen hatte der Detektor keinerlei Auswirkung auf den Strom. Dennoch fand das Team, dass allein die Anwesenheit des zuschauenden Detektors in der Nähe einer der Öffnungen Veränderungen im Interferenz-Muster der durch die Öffnungen in der Schranke passierenden Elektronenwellen verursachte. In der Tat war dieser Effekt abhängig von der "Stärke" der Beobachtung. Wenn die Elektronenspürfähigkeit des "Beobachters" zunahm, - mit anderen Worten, mit zunehmendem Observationsgrad - wurde die Interferenz schwächer; im Gegensatz dazu wurde die Interferenz stärker, wenn die Elektronenspürkapazität reduziert wurde - mit anderen Worten, wenn die Observation nachließ. So konnten die Wissenschaftler durch die Steuerung der Eigenschaften des Quantenbeobachters seinen Einfluss auf das Verhalten der Elektronen steuern.*

Bin mal gespannt, ob der Physiker einst zu erkennen vermag, was für den Metaphysiker schon seit Jahrtausenden Wirklichkeit ist, nämlich, dass der sogenannte Beobachter nicht allein Veränderungen (der Elektronenwellen) verursacht, sondern genau DAS IST, WAS (sie) verursacht.

> Alle Objekte werden nur wahrgenommen,
> **weil** wahrgenommen wird!

Und daher ist der Wahrnehmende nicht allein das, was er wahrnimmt. Er ist sozusagen ihr Erzeuger. Denn ohne ihn kann nichts erscheinen. Ohne dass geschaut wird, erscheint nichts. Daher ist die Welt leer und wird erst dann voll, wenn der leere Schauende schaut. (Ich habe das jetzt „persönlich" formuliert, in Wahrheit ist Das-Was-Schaut gänzlich „unpersönlich".)

Ohne Wahrnehmung (oder Bewusstsein) gibt's keine Welt! So phantastisch das klingt. Aber klingt denn das Statement der Wissenschaft etwa weniger phantastisch: Der Quantenbeobachter verändert durch seine Beobachtung das Beobachtete?! Schließlich wird ja auch aus dem Kochtopf auf dem Herd kein Blumentopf, nur weil du ihn beobachtest!

Die Welt erscheint nur, **wenn** und **weil** sie bewusst ist. Ohne dass sie bewusst ist, existiert somit keine Welt. Daher ist Subjekt Objekt. Allerdings nur in dessen Erscheinung, nicht in der Essenz. Essentiell ist das, was wahrnimmt, (weiterhin) vollständig leer! (So wie eine leere Kameralinse, die durch das, was an Szenen auf ihr erscheint, niemals voll wird.)

Wenn du das Experiment machst, wirst du höchstwahrscheinlich sogar „wahrnehmen" können, dass du als das, was (beispielsweise in die Natur) schaut, leer bleibst. Du siehst das Sonnenlicht, spürst seine Wärme auf der Haut, du aber als das, was beides wahrnimmt, wirst dadurch nicht wärmer oder heller. Sonne bleibt ein wahrnehmbares Objekt, das mit dir als dem Subjekt (oder der Leerheit) nur insofern zu tun hat, als sie (in ihr) erscheint. Selbst dann, wenn du dir mit einem Messer in den Finger schneidest und der Nerv Schmerz produziert, ist das ein Ereignis, das dich als das, was wahrnimmt, in keinster Weise berührt.

Wird der Schmerz stärker oder gar übermächtig, scheint es freilich so, als wärst du nur noch ein einziger Schmerz. Das, was wahrnimmt, tritt (sozusagen) gänzlich in den Hintergrund, um den Schmerz „seine Arbeit" machen zu lassen. Denn auch der Schmerz ist nie unökonomisch.

Damit Schmerz oder Schmerzlosigkeit erfahren werden kann, muss (das eine oder andere) jedoch „wahrgenommen" werden! Dazu bedarf es eines Wahrnehmungsinstruments. Wir bezeichnen es im Allgemeinen als Körper (mit seinen Sinnesorganen!)

Wie siehst du auf deinen Körper?

Was bedeutet er dir?

Als was erscheint er in deiner Wahrnehmung?

Der Körper (als Wahrnehmungsgerät) ist wertvoll, denn ohne ihn könnte das, was wahrnimmt, unmöglich wahrnehmen. Dieses Statement erscheint freilich als ein weiteres Paradoxon, denn ich behaupte ja auch, dass der Körper in dem, was wahrnimmt, erscheint. Wenn er aber in dem, was wahrnimmt, erscheint, wie könnte er dann das Instrument sein, durch das und mit dem das, was erscheint, wahrgenommen wird?

Nun, so paradox, wie's zunächst erscheint, ist es nicht. Strom ist ja auch bereits da, bevor er einen Scheinwerfer zum Leuchten bringt. Ohne Leuchtmittel scheint Strom jedoch nicht vorhanden zu sein. Ebenso verhält es sich mit dem Körper. Gottt oder Leerheit ist da, bevor der Körper erscheint. Ohne sein Erscheinen kann sich Gottt oder Leerheit jedoch nicht „zeigen". Welt erscheint nur, wenn ein Körper erscheint, mit dem das-was-immer-ist, wahrnehmen kann. Und was wird wahrgenommen? Das, was auf die Rückseite der Münze geprägt ist und wir in Ermangelung klarer Sicht Welt zu nennen gewohnt sind.

Regen wir die Leute nicht auf, indem wir ihnen sagen, dass sie nur erscheinen, weil mit ihnen wahrgenommen wird, was so aussieht wie eine Menschheit, wie eine Welt, die jedoch in Wahrheit nicht existiert! Bitte lass es! Es bringt nix. Nur Ärger! Genieße und schweig! Alles ist nicht für alle!

# „Du" bist die Hydra, niemand anderes als „du"!

*Wir wissen aus den Worten der Meister oder aus eigener Erfahrung, dass das „Erwachen" von der sofortigen, wenn nicht sogar gleichzeitigen Abschaffung aller individuellen Probleme begleitet wird....*

*Statt die Probleme einzeln zu lösen, wie wenn man die nachwachsenden Häupter der Hydra abschlägt, verschwinden die Probleme gleichzeitig und für immer, wenn man der Hydra selbst ins Herz sticht!*

*Das Offenbare Geheimnis, S. 54*

Probleme einzeln lösen! Das macht Therapie. Und deshalb hört sie nie auf. Sie kann nicht aufhören, weil der Hydra ständig neue Häupter nachwachsen. Ich kenn ein paar Leute, die nahezu ständig irgendwelche Probleme haben. Du auch? Eins ist gerade gelöst, da berichten sie schon vom nächsten.

*Wenn ich das Ding geregelt habe, dann komm ich endlich zur Ruhe!* Ach, wie oft habe ich das schon gehört von diesen Personen. Sie kommen niemals zur Ruhe. Denn die Ruhe ist nicht dort, wo sie sie suchen.

Die Ruhe ist das, was du bist. Und das, was du bist, ist nichts, was du siehst. Nichts, was du fühlst. Nichts, was du hörst. Es ist nichts. Und weil du genau das partout „nicht" willst, kommst du nicht zur Ruhe. Denn Ruhe und Nichts sind Synonyme.

Du willst was sehen, fühlen, erleben! Du willst zusammengefasst das, was man Erfahrungen nennt. Emotionale natürlich. Solche, die dich berühren, dich umhauen, dich umkrempeln, verwandeln.

Solange du auf diesem Feld spazieren gehst, wirst du Probleme haben. Lösungen freilich auch. Immer wieder. Doch das nächste Problem ist schon im Anzug. Du ziehst es förmlich an. Weil du was spüren willst, kriegst du was zu spüren. Endlich kannst du dich wieder aufregen! Endlich kannst du wieder flennen! Endlich kannst du wieder ängstlich sein oder deprimiert!

*Aber nein, aber nein, lieber Werner, ganz im Gegenteil, ich möchte das alles loshaben!*

Sorry, aber ich glaub dir kein Wort! Wenn du das alles loshaben wolltest, ich mein wirklich loshaben wolltest, dann wärst du bereit, der Hydra mitten ins Herz zu stechen, anstatt ihre Häupter einzeln zu killen! Aber genau das willst du nicht! Das kannst du nicht wollen! Glaub mir, ich weiß, worüber ich schreibe...

Der Preis ist viel zu hoch, um ihn bezahlen zu können! Und denk nur nicht, bei mir wäre das anders gewesen. Ich wusste ja nicht, worauf ich mich einließ. Ich hatte nur keine andere Wahl!

Und womöglich hast du die auch nicht. Nur dann stichst du zu. Oder besser: Nur dann wird das vielköpfige Vieh wirklich erledigt! Nicht von dir. Von dir ganz sicher nicht. Von mir freilich auch nicht!

Denn du bist ja die Hydra. Du als das, was du als ich, mein, mich bezeichnest. Wer außer „dir" hat denn Probleme? Denk nach! Überlege! Untersuche es. Und stell dir anschließend nur für einen Augenblick vor, dein KörperGeistSystem wäre unbesetzt von einem Jemand, der glaubt, er sei der Dreh- und Angelpunkt des Universums. Ich weiß, das ist schwer bis unmöglich. Dennoch: Versuch es!

---

In meiner Wahrnehmung ist,
was auch immer passiert, einfach nur, was passiert!
Es passiert mir nicht. Es passiert dir nicht. Es passiert nur.

---

Mag sein, es ist mit Schmerzen verbunden. Mag sein, es ist mit Einschränkung verbunden. Mag sein, es ist mit Mangel verbunden. Das ist unangenehm, keine Frage. Als Problem würde es aber nur dann wahrgenommen, wenn es „mir" geschähe.

Das „mir" ist die Hydra, der ständig Köpfe nachwachsen! Die Hydra ist gierig nach „neuen" Köpfen. Sie kann sich nicht bezähmen. Sie braucht sie. Denn sie kann sich nicht ohne Kopf „fühlen"! Daher erzeugt sie Probleme. Sie kann nicht ohne sie leben! Probleme sind ihr Lebenselixier.

Ist die Hydra tot, bist du glücklich, einfach nur Ruhe zu haben. Denn mehr brauchst du nicht. Nur deine Ruhe. Möglichst wenig Theater. Möglichst keine Konflikte. Die schönsten Sessions sind daher die, in denen Ruhe, viel Ruhe herrscht. Nicht weil sich mein Gegenüber nicht äußert, auch nicht weil ich mich nicht äußere, sondern weil meine Äußerungen aus der Ruhe kommen und in die Ruhe gesprochen werden. Also in das, was nicht ist.

# Es ist nicht damit getan, klar zu sehen, dass keiner was tut!

*Ich bin nicht, aber das scheinbare Universum ist mein Selbst!*

*Das Offenbare Geheimnis, S. 36*

Obgleich Terence hier den Chan[24]-Meister Shitou zitiert, der übrigens wenig bekannt war, ein zurückgezogenes Leben führte und relativ wenige Jünger hatte, (was ihn mir äußerst sympathisch macht), nutze ich die obige Aussage als Eingangszitat. 10 Worte, die kaum präziser auf beide Aspekte der absoluten Wahrheit verweisen könnten. Oder auf beide Seiten der Münze.

Schau ich auf die eine, bin ich nicht, schau ich auf die andere, bin ich. Unter anderem dieser Körper, doch das ist selbstverständlich weitaus noch nicht alles. (Mein) Körper scheint (mir) nur am nächsten zu sein. Rein von der gemessenen Entfernung und vom Gefühl her! Nur wenn du über beiden Ohren verliebt bist, ändert sich das temporär. Dann ist dir der Körper des Geliebten am nächsten. Du siehst ihn und spürst ihn im Geiste, selbst wenn er körperlich nicht anwesend ist.

Schau umher! Egal wohin! Das bist du! Scheinbar! Das „Scheinbar" musst du unbedingt im Auge behalten! Sonst tust du dir leid, wenn's ans Sterben geht, anstatt zu frohlocken. *Ach, all die schönen Dinge verlier ich. Ach, könnte ich doch noch ein Weilchen bleiben!*

---

[24] Begründet wurde der Chan-Buddhismus der Legende nach durch **Bodhidharma** zwischen 480 und 520 nach Christus. Er soll sich ganz auf die **Meditation** gestützt und jede schriftliche Überlieferung abgelehnt haben. Jedoch wird **auch** berichtet, er sei ein Anhänger des Lankavatara-Sutra, das die innere Erleuchtung betont, gewesen. Dementsprechend fand im Chan die Übermittlung der Lehre nicht mit Hilfe von Schriften, sondern von Meister zu Schüler und „von Herz zu Herz" statt. (Wikipedia)

Verständlich. Wenn du noch keine Schmerzen hast und das, was man ein gutes Leben nennt!

Doch erinnere dich: ...*das scheinbare Universum ist mein Selbst*! Das heißt: Du **kannst** ihm gar nicht entfliehen. Selbst dann nicht, wenn (d)ein Körper abnippelt. Das Selbst nippelt sicherlich nicht ab und damit auch nicht das scheinbare Universum, das du selbst bist! Das ist aber nicht, worauf ich in erster Linie verweisen möchte mit diesem Zitat. Ich spring einfach mal rein:

Kritik ist notwendig. Wer gänzlich auf sie verzichten möchte, wird sich schwertun im Leben. Für ein Übermaß an Kritik gilt natürlich dasselbe. Aber wie leicht ist es doch, in diese Falle zu geraten. Dann bist du womöglich den ganzen lieben langen Tag nur am Maulen, am Murren, am Granteln. Und es erscheint legitim! Zumeist jedenfalls. Oder sag ich was Falsches?

Freilich ist es auch wichtig, wie man Kritik äußert: konstruktiv oder destruktiv. Wenn du aber zu sehen vermagst, dass das scheinbare Universum dein Selbst ist... überleg mal, was das bedeutet! Bezüglich Kritik!

Kürzlich machte ein Freund ein Interview mit mir. Ein wirklich gutes, empfand ich, als ich es mir hinterher noch einmal ansah. Dann ging ihm die Karte verloren, auf der es gespeichert war. Wie konnte das nur passieren? Diese Frage entsteht doch. Oder ist das anders bei dir?

So ein Verlust wäre ein Anlass für harsche Kritik! Wenn du nicht klar siehst, dass das scheinbare Universum dein Selbst ist. Oh ja, hier, in so einem konkreten Fall, findet die Sicht statt. Wo denn sonst? Das Zitat in einem Buch lesend bei Kaffee und Kuchen, ist zwar erhebend, hat aber keinerlei Auswirkung, keinerlei ökonomischen Nutzen!

Ist das scheinbare Universum in der Wahrnehmung de facto (ich) Selbst, sehe ich die Vorgänge in einem anderen Licht. Ginge darin etwas verloren, ging's, egal wer's verlor, mir (meinem) Selbst verloren. Und dann soll es offensichtlich verloren sein! (Natürlich hat mein Freund intensiv nach der Speicherkarte gesucht.)

Loslassen! Ein weiteres oft gehörtes Wort innerhalb der spirituellen Szene und über sie hinaus. Nahezu unmöglich jedoch, wenn dir das, was du loslassen sollst, kostbar ist. Stimmt's?

Die Frage ist daher: Was ist dir kostbar? Das, was im scheinbaren Universum erscheint, oder die Klarheit, dass das scheinbare Universum du Selbst bist! Du in deiner Scheinbarkeit wohlgemerkt!

Neulich konnte ich aufgrund einer körperlichen Einschränkung nicht mit Iris und Yannick zu 'ner Feier gehen, also war ich mit unserem Hund ganz allein, und der musste freilich irgendwann raus. In der Regel freu ich mich auf die Spaziergänge mit ihm. Wie schon erwähnt: Die grandiose Landschaft ringsum ist jeden Tag purer Genuss. Ich begegne zumeist keinem Menschen, nur ab und zu einem, meistens mit Hund, so wie gestern. Die beiden Hunde kannten sich schon; und so konnte ich Sissi bedenkenlos von der Leine lassen. Was für ein Vergnügen! Sowohl für die Hunde als auch für mich.

Ich geh meistens zwischen 45 und 60 Minuten mit der Hundedame. Gestern waren's nur 35 Minuten. Die Strecke lauf ich normalerweise in 25 Minuten. So langsam kam ich voran. Blieb stehen immer wieder. War froh, als ich zuhause ankam.

Was bedeutet dann so ein Spruch: *Das scheinbare Universum ist mein Selbst!?* Soll ich dir was sagen? Der kommt mir noch nicht einmal in den Sinn, wenn's mir so dreckig geht wie gestern beim Laufen! Aber genau das, also diese Ignoranz gegenüber einem so wichtigen Aspekt absoluter Wahrheit, ist nichts als... der Eine Geist! Weil nur der Eine Geist ist und sonst nichts!

Huang-po (s. Fußnote S. 127), einer der größten chinesischen Chan-Meister und Lehrer von Linji Yixuan (jap. Rinzai Gigen) und somit auch Wegbereiter des chinesischen Linji-Chans und des japanischen Rinzai-Zen, behauptete das. Was seine Aussagen nicht automatisch legitimiert, weshalb ich auch solche Sprüche mitnichten wegen der Größe eines Menschen zitiere...

Wenn dein Körper lädiert ist, ist der Eine Geist ganz und gar „lädierter Körper". Das ändert nichts daran, dass du das scheinbare Universum bist. Also nicht nur dein (lädierter) Körper, sondern auch der Himalaja, Jesus Christus, Huang-po, rund 7,5 Milliarden Menschlein, über den Globus verteilt, Flora und Fauna, der sibirische Eisbär sowie der afrikanische Tiger! Und natürlich auch Irma, der Jahrhundert-Hurrikan, der sich, während ich schreibe, der Küste Floridas nähert.

Frag mal meine Freundin Monika im Hospiz, die täglich mehrmals starke Schmerzmittel braucht, um das Leben noch einigermaßen erträglich zu finden, ob sie es beeindruckend findet, als Selbst das scheinbare Universum zu sein! Es bleibt Fakt, für sie, für mich, für uns alle, selbst für ein Gänseblümchen oder einen Grashalm. Im Fokus ist jedoch nur das Leben, wie du es gerade im scheinbaren Körper erlebst! Widersprich mir nur. Begründe es aber!

Es ist überhaupt keine Frage, dass du das Universum oder anders ausgedrückt „alles" bist. Denn nur dann, wenn „alles" erscheint, erscheint auch das, was du „ich" oder „meinen Körper" nennst. (Überprüfe es, glaub mir kein Wort!) Demzufolge und logischerweise kannst du unmöglich „nur" der Körper sein. Du kannst nur nicht(s) sein, in dem alles (das Universum) erscheint und somit kannst du nichts anderes von dir behaupten als das, was Terence zitiert: *Ich bin nicht, aber das scheinbare Universum ist mein Selbst!*

Ein total selbstverständlicher Fakt! Eine nüchterne Feststellung. Daher überhaupt „nichts Besonderes". Ebenso gewöhnlich wie die Feststellung: Eine Kuh macht Muh und ein Schaf Mäh!

Für mein alltägliches Leben jedoch hat diese Feststellung keinen „ökonomischen Nutzen", wenn sie nicht zu bewirken vermag, dass sich meine Kritik an dem, was jeweils erscheint, auf das Nötigste beschränkt! Bitte überprüfe wiederum, was ich behaupte, und glaub mir kein Wort!

Sobald Kritik zur Beschuldigung wird, ist sie so unnötig wie ein Kropf! Schlimmer: Sie macht dir das Leben kaputt: Deine Beziehung zu Menschen, selbst die Beziehung zu dir! Denn Selbstkritik ist mindestens ebenso zerstörerisch wie die Kritik an anderen! Vor Kurzem steckte meine Frau Iris versehentlich unser Fieberthermometer in ihre Handtasche, die sie dann auch noch zur Arbeit mitnahm. Ich suchte im ganzen Haus, bevor ich sie anrief, um sie zu fragen, ob sie denn wüsste, wo sie es hingepackt hat. (Sie hat eine geradezu geniale Fähigkeit, Dinge an den verborgensten Orten abzulegen). ☺

Ich war ein klein wenig ärgerlich, als ich erfuhr, dass sie es versehentlich mitgenommen hatte, obgleich sie doch wusste, dass ich es im Moment ab und zu brauche. Daher bedankte ich mich geschwind für die Info und legte gleich auf. Ihr hierfür einen Vorwurf zu machen war also nicht drin, und doch steckte er in mir. Weil (mir) klar ist, dass keiner was tut, haben solche „spontanen Alltagsvorwürfe" keine destruktive Power. Diese kann nur entstehen, wenn du noch zu glauben vermagst, Menschen würden *de facto* aus eigener Initiative entscheiden und handeln. Menschen wären nicht nur Figuren, die von „eiserner Hand" bewegt werden. So wie Irma, jener Hurrikan, der in etwa vier Stunden auf Florida treffen würde und dem du das absolut nicht zum Vorwurf machen kannst!

Daher sage ich: Es ist nicht damit getan, klar zu sehen, dass keiner was tut! Die Erkenntnis ist zwar unumgänglich für ein friedvolles Leben, sie ist jedoch lediglich der Beginn eines Prozesses der Dekonditionierung. Erschwerend hinzu kommt jedoch selbst nach der Dekonditionierung die unfassbar real wirkende Illusion persönlicher Täterschaft!

Bei Irma ist es uns sonnenklar: Der Monstersturm ist nicht verantwortlich für die Verwüstung, die er anrichtet und allen Prognosen gemäß noch anrichten wird![25] Kommt dein Bekannter aber später als zum vereinbarten Zeitpunkt am vereinbarten Treffpunkt an,

---

[25]    Sonntag 10.09.2017 11:33 Uhr

hält dein konditioniertes Gehirn ihn für verantwortlich. Und wenn es nicht dekonditioniert ist, auch noch für schuldig!

Ich weiß nicht, wie's dir geht. Mir jedenfalls geht's mehr und mehr so, dass ich die allermeisten Kritiken, die mir früher wichtig oder gar unerlässlich erschienen, für nutzlos halte. Rein für die Katz.

Ich empfehle mitnichten, auf Kritik zu verzichten! Sie ist in manchen Fällen sicherlich nützlich. Insbesondere dann, wenn sie Verhalten positiv zu ändern vermag. Das ist sie aber nur dann, wenn sie konstruktiv ist. Wenn sie echte Betroffenheit auszulösen vermag. Und das, so zumindest meine Erfahrung, ist meistens nur möglich, wenn Kritik in Liebe, also mit einem liebenden Herzen geschieht. Und mal ehrlich: Wann ist das schon der Fall?

Was mich anbelangt, also meine Erfahrung im Alltag, scheint sich der Aspekt Kritik mehr und mehr zu verabschieden. Denn was für Irma gilt, gilt letztlich für jedes Ereignis. Genau genommen ist jedes, also selbst ein durch Menschen ausgelöstes Ereignis, nichts als ein Naturereignis!

# Teil X

Wir sind nichts als Bewusstsein, sind nie etwas anderes gewesen.
Vielleicht wäre es einfacher, die Wahrheit zu "verstehen", wenn man
sich vorstellen könnte,
dass es niemals und zu keinem Zeitpunkt ein "wir" gegeben hat. "Wir"
sehen uns, bewusst oder unbewusst, als empfindungsfähige Wesen
und daher als von der Manifestation getrennt:

"Wir" sind das Subjekt und der Rest der Manifestation ist das
Objekt.

Ramesh_Balsekar

# Ein Hund muss, um zu bellen, nicht bellen wollen!

*Wenn der formgebende Geist (der unbenennbare, weil nicht-objektive Faktor, der allen Erscheinungen Form verleiht) durch den Nebel hindurchscheint, der aus der Identifizierung mit einem phänomenalen Objekt entsteht, wird der Wille illusorisch – denn er ist von gleicher Beschaffenheit wie dieser Nebel.*

*Die Einfache Erkenntnis, S. 87*

Der Wille IST illusorisch. Er WIRKT nur deshalb real, weil wir im Nebel nicht sehen, dass er illusorisch ist, und dies erst beim Verschwinden des Nebels bemerken! Was ist, ist der formgebende Geist. Und er braucht nicht mal 'nen Willen. Es ist zwar in Ordnung, vom „Willen Gottes" zu sprechen, bei Klarsicht können wir uns diese Formulierung aber auch schenken.

Ich wies bereits darauf hin: Ein Huhn muss nicht gackern „wollen". Gackern ist seine Natur. Ein Hund muss nicht bellen „wollen". Er kann gar nicht anders. Und wenn du ihm das Gackern beibringen „wolltest", wärst du der „blöde Hund" und nicht er! ☺ Ebenso muss Gottt nicht sein wollen; Gottt ist, und zwar genau so, wie die Welt scheinbar ist. Und daher bist auch du, wie du bist.

Aufgrund dieser Tatsache empfehle ich Menschen, die nicht wissen, was genau sie eigentlich wollen – meistens beruflich – zu analysieren, wie sie seit jeher funktionieren. Eine Freundin meiner Mutter erkannte sehr früh, dass der kleine Werner Autor werden sollte. Weil mich schon als 10-Jährigen nichts mehr interessierte als Lesen und Schreiben. Und weil meine Diktate und Aufsätze zumeist mit 'ner 1 benotet wurden. Und eine schlechtere Note als 'ne 2 kriegte ich, soweit ich mich erinnere, nie.

Was immer ich dann auch beruflich tat, stets las ich und schrieb ich in meiner Freizeit und wünschte mir im tiefsten Inneren nichts mehr, als zuhause im stillen Kämmerchen lesen und schreiben zu können. Um aber das, was sich heute schreibt, schreiben zu können, war eine 40-jährige Wanderschaft bzw. „Stoffsammlung" und „Sortierung" nötig.

Nicht immer und in jedem Fall kannst du im Leben sofort tun, was dir wirklich liegt! Du musst überleben. Und wenn du wie ich nicht in eine wohlhabende Familie hineingeboren wirst, die dir ihr Vermögen vererbt, wirst du fürs Überleben irgendeinen Job machen müssen. Ob du ihn liebst oder ob du ihn hasst! Doch dabei muss es ja nicht bleiben!

Viele Menschen wehren sich vehement gegen die Erkenntnis, dass der freie Wille Illusion ist. Ich tat das auch, daher verstehe ich sie. Heute jedoch muss ich jedes Mal lachen, wenn ich die Argumentation mitbekomme. Denn ich sehe Marionetten an Fäden. Deren Rolle es ist, sich gegen die *Einfache Erkenntnis* zu wehren.

Was du im Moment tust, wie du dich gerade erfährst, ist genau so, wie es sein soll! Ist diese Message denn nicht befreiend?

*Nee, magst du sagen. Befreiend? Das Gegenteil ist der Fall:*

*Ich habe nämlich gerade eine Affäre mit meinem verheirateten Chef, liebe dennoch meinen gehörnten Ehemann, möchte nicht, dass er mich verlässt und scheiße mir fast in die Hose, wenn ich dran denke, dass er von meiner Beziehung erfahren könnte! Von meinem Chef los komm ich aber auch nicht!*

*Und bei mir ist es so: Meine Söhne liegen sich fast jeden Tag wegen ihrer gegensätzlichen Ideen, die Führung des elterlichen Unternehmens betreffend, in den Haaren, und ich fühle mich so ohnmächtig!*

*Und ich bin schon im dritten Job während der letzten 2 Jahre und spüre nun, obwohl ich erst vor 3 Monaten anfing, dass auch dieser nicht der richtige ist, und werde wohl bald wiederum kündigen müssen.*

*Und ich fühl mich total gefangen in meinem Körper, in meiner Umgebung, in all den Verpflichtungen, denen ich nachkommen muss! Denn die Pflege meiner Eltern frisst beinahe meine ganze Freizeit auf!*

Ich erinnere mich, allerdings dunkel, an eine Reihe von Gefängnissen auf meiner bisherigen phänomenalen Reise durchs Leben. Mein Gott, wie gefangen ich mich da jeweils fühlte! Es schien keinen Ausweg zu geben. Wie oft war ich unglücklich verliebt! Wie oft wollte ich meinen Job schmeißen! Wie oft war ich, und zwar nicht nur in jungen Jahren, finanziell in der Klemme!

Damals wusste ich jedoch nicht, was mir erst sehr spät im Leben zur Gewissheit wurde: Dass nämlich das, was ich jeweils tat und erfuhr, genau das war, was jeweils dran war und daher unumgänglich! Der „Nebel" ließ die Klarsicht nicht zu, dass ich <u>fiktional</u> anstatt <u>funktional</u> identifiziert war mit dem KörperGeistOrganismus, der auf den Namen Werner Ablass reagiert und der absolut chancenlos war und noch immer ist, etwas anderes zu erfahren als das, was der formlose Geist an Erscheinungen auf die Leinwand wirft. Denn es ist die fiktionale, nicht die funktionale Identifizierung, auf die Terence im Eingangszitat verweist.

Fiktional identifiziert bist du, wenn du in die Geschichte, in welcher du die Hauptrolle spielst, involviert bist. Funktional identifiziert bist du, wenn die Geschichte, in der du die Hauptrolle spielst, keine Rolle mehr spielt. Weil du zu sehen vermagst, dass du der formlose Geist bist, der eine – und in diesem Fall deine - Figur braucht, um sich überhaupt erfahren zu können! Und zwar genau so, wie die Figur in der Geschichte des Lebens, die du erfährst, eingesetzt wird.

Und wenn solches Sehen geschieht, fällt die fiktionale Identifizierung von dir ab wie herbstliches Laub von den Bäumen. Und du funktionierst so, wie deine Biomaschine nun mal angelegt ist. Ohne Wenn, ohne Aber! Was nicht bedeutet, du könntest nichts anderes tun und erleben als das, was du gerade tust und erlebst. Szenenwechsel sind völlig normal. Du aber spielst nicht mehr Regisseur. Du gehst auf in deiner Rolle und überlässt deine Zukunft dem Schicksal!

Ach, wie erfüllend es sein kann, den Rasen zu mähen oder die Fenster zu putzen! Selbst dann, wenn du das (wie ich) von deiner Anlage her total ungern machst. Wenn du funktionierst, anstatt fiktional einem Traum nachzuhängen, in dem du etwas anderes bist, als genau das, was sich mit dir spielt, ist Unzufriedenheit ein Fremdwort für dich! Was nicht bedeutet, niemals zu träumen! Träum nur, solange der Traum deine derzeitige Funktion nicht als etwas Minderwertiges dastehen lässt und dich zutiefst unzufrieden macht. Womöglich ist der Traum 'ne Vorausschau! Wer weiß? Wer kann's wissen?

Zu funktionieren ist daher ganz im Gegenteil zu der Vorstellung, die sich mit dem Wort verbindet, die einzige Chance, ein zufriedenes Leben zu erfahren. Kennst du nicht auch Menschen, die, ohne sich mit den Themen, um die es in meinem Dienst geht, befasst zu haben, keinen unglücklichen Eindruck machen? Ich schon. Diese sind jedoch allesamt und ohne Ausnahme eins mit ihrer Funktion.

Unzufriedenheit ist daher nicht zwingend mit spiritueller Unwissenheit verbunden! Immer aber mit Widerstand gegenüber der Funktion, die mensch gerade erlebt. Und auch diese Behauptung darfst du gern auf ihren Wahrheitsgehalt hin überprüfen!

# Geworfen

*Phänomene können als Phänomene nicht die Quelle der Phänomene sein: Dessen ungeachtet, da sie nichts anderes als ihr Noumenon sein können, sind sie letzten Endes eins mit ihrer Quelle.*

*Deshalb können Objekte nichts anderes sein als Erscheinung, doch als* **Objekte sind wir nicht das Subjekt unserer Erscheinung.**

***Dessen ungeachtet, da es nichts gibt, was wir als Objekte sein könnten** außer unserem Subjekt,* sind wir letzten Endes eins mit unserem Subjekt.

*Das Offenbare Geheimnis, S. 196*

Wir alle und überhaupt alles: hineingeworfen in das, was erscheint. Beginnend mit der Geburt.

Hilflos! Angewiesen! Abhängig! Ausgeliefert! Beim Anblick eines winzigen Hündchens, das in eine Menschenhand passt, bleibt uns gar keine andere Wahl, als dem zuzustimmen. Und auch dann, wenn ein Mensch die Augen für immer schließt, egal wie mächtig er war, zwingt sich uns der Eindruck auf.

Am 12. 09. 2017 starb Heiner Geißler. Ich mochte diesen Politiker schon deshalb, weil er ein Rebell war, der sich nicht einmal davor scheute, sich mit dem Machtpolitiker Helmut Kohl anzulegen. Und deshalb seinen Job als Generalsekretär verlor. 87 wurde er. Da ist man lebenssatt, denk ich mal.

Aber ich habe nicht vor, einen Nachruf zu schreiben. Sein Tod kam mir nur im Kontext mit dem Wort "geworfen" in den Sinn. Mit unserem Geworfensein in die Sichtbarkeit, die Manifestation.

Da stehen sie, die Großen dieser Welt, im Scheinwerferlicht der Öffentlichkeit. Die Staatsmänner und Frauen, die das Sagen haben. Die

Wirtschaftsbosse. Die Broker, die Spekulanten an der Börse. Die mit einem Mausklick Millionen, was schreib ich, Milliarden verschieben. Die Superreichen. „Acht" Milliardäre besitzen genauso viel Vermögen wie die ärmere Hälfte der Weltbevölkerung! Heiner Geißler sagte: Es gibt Geld wie Dreck auf der Erde. Es haben nur die falschen Leute!

Gut gebrüllt, Löwe! Das war aber grundsätzlich nie anders. Egal welches politische System wir unter die Lupe nehmen. Auch im Kommunismus verfügt(e) die politische Elite über weit mehr Privatvermögen als der einzelne Bürger. „Geld regiert die Welt." ist nicht nur ein Spruch, sondern die knallharte Realität.

Und doch sind wir alle, einschließlich der Staatsoberhäupter und Superreichen, „geworfen". Merk dir dieses Wort! Am besten, du rahmst es dir ein und hängst es dir irgendwo in der Wohnung oder im Büro an die Wand, wo du es mehrmals täglich zu Gesicht bekommst. Doch das nützt auch nichts. Überhaupt nichts. Nichts nützt irgendwas. Das klingt pessimistisch. Ist aber nichts als die Wahrheit.

*...als Objekte sind wir nicht das Subjekt unserer Erscheinung.* Ich habe diesen Halbsatz aus dem Eingangszitat bewusst fett gedruckt, weil er so wichtig ist. Denn die Verwechslungsgefahr von Subjekt und Objekt ist ziemlich groß, besonders bei Newcomern. Selten klar wird uns das, wenn wir einen weiteren fett markierten Halbsatz lesen: *Dessen ungeachtet, da es nichts gibt, was wir als Objekte sein könnten außer unserem Subjekt.*

Oh ja, wir als Objekt sind eins mit unserem Subjekt. Wir SIND sogar Subjekt. Wir können gar nichts anderes sein. Doch in der Erfahrung sind wir es nicht. In der Erfahrung sind wir ganz und gar Objekt. Geworfen in eine Welt der totalen Abhängigkeit.

Wer mich sieht, sieht den Vater, proklamiert Jesus. Doch als er stirbt, ruft er aus: Mein Gott, warum hast du mich verlassen! Wie passt das zusammen?

Es passt, weil wir in der Erfahrung Objekt, nicht Subjekt sind. Erscheinung. Ein vollständig abhängiger KörperGeistOrganismus inmitten anderer vollständig abhängiger KörperGeistOrganismen, die nicht nur als solche, sondern auch voneinander abhängig sind.

Machen wir uns nichts vor! Sonst wird die Diskrepanz zwischen dem Bewusstsein, Gottt zu sein und sich als Mensch zu erfahren, immer größer. Und das wäre fatal.

Wenn man Ramesh Balsekar nach seiner Einstellung zum Tod fragte, sagte er: Ich bin von der Quelle gekommen und gehe zur Quelle zurück. Aber Ramesh, vorhin sagtest du: Ich bin die Quelle! Und du sagtest auch, dass die Quelle weder kommt noch geht!

Da haben wir den Salat! Den Gedankensalat. Oder den Mindfuck, je nachdem, welches Wort dir besser gefällt! In der Erfahrung kommen und gehen wir. Wir als Objekte. Als Subjekt oder als Quelle können wir weder kommen noch gehen. Als Subjekt sind wir IMMER ZUHAUSE.

# Das stahlbetonharte Nicht-Ding

- *Die Gegenwart Gottes weist für mich auf die Gegenwart eines Objekts, eines Götzen hin!*

- Oh weh, das habe ich befürchtet! Mit der Gegenwart Gottes ist die Abwesenheit der Anwesenheit des Selbst gemeint – oder **unsere immanente göttliche Natur**!

Das Offenbare Geheimnis, S. 101 (Dialog von Gott)


Das ist es, was am Ende bleibt! Jenseits von Wissen. Jenseits von Worten. Jenseits von Gedanken. Jenseits von Erfahrungen. Selbst solchen, die auf die Wahrheit verweisen: Unsere immanente göttliche Natur. Dieses stahlbetonharte Nicht-Ding. Denn nichts ist stabiler als Leere.

Wie könnte man Leere verbiegen? Wie könnte man Leere verschwinden lassen? Auflösen? Kaputt machen? Vernichten? Verbrennen? Zerstören? Jedes „Ding", selbst der Diamant verwandelt sich bei hohen Temperaturen in gewöhnlichen Graphit. Leere dagegen bleibt absolut stabil. Leere ist „unkaputtbar".

Leere ist weder ein Gedanke noch ein Empfinden! Daher haben die Meister immer wieder darauf verwiesen, dass Leere jenseits alles Beschreibbaren und Fühlbaren ist.

*Aber dann habe ich ja (am Ende) gar nichts mehr!* Magst du klagen! Eben, antworte ich. Genau danach hast du ja gesucht! Dieses Nichts(-mehr-Haben). Denn das ist unsere wahre, unsere immanente göttliche Natur. Da gibt's nichts mehr zu sagen. Nichts mehr zu denken. Nichts mehr zu fühlen.

Wobei man natürlich jede Menge über die immanente göttliche Natur sagen und schreiben kann. Wie es in diesem Buch geschieht. Was immer jedoch über sie gesagt und geschrieben werden kann, deutet nur auf sie hin! Ist nur ein Verweis. Manchmal ist es allerdings auch 'ne Machete im Dschungel eines (verwirrten) Geistes.

Wenn du aber hängen bleibst an den Worten – und das ist sehr wohl möglich – verpasst du die Wirklichkeit dessen, worauf die Worte verweisen!

Manche Lehrer sagen: Du bist noch nicht bereit, dich in die Leere fallen zu lassen! Ich halte dies nicht für zweckdienlich. Im Gegenteil: Es bringt den Suchenden unter Druck! Dann versucht er, sich in die Leere fallen zu lassen! Obgleich er nichts anderes als Leere ist. Mehr als paradox!

Wenn du liest: Du bist Leere! Welche Assoziation geht damit einher? Versuchst du, dich leer zu fühlen? Oder zu denken? Oder zu realisieren? Oder nickst du bejahend? Weil's klar ist. So als hätte ich dir gesagt: Du bist einzigartig! Daran kann's nämlich auch keinen Zweifel geben!

Leere ist was-immer-ist. Allerdings ohne zu sein. Daher: nichts Besonderes also. „Gewöhnlich" würde ich sogar sagen. Gleichzeitig aber das Ungewöhnlichste überhaupt! Der höchste Genuss. Jedoch ohne jedes Gefühl. Gerade die Abwesenheit von Gefühlen und Gedanken macht Leere ja so außergewöhnlich (genussreich).

In der Leere musst du und kannst du nichts denken, nichts wissen, nichts fühlen, nichts realisieren! Nicht einmal solche Gedanken wie *Objekt ist Subjekt.* oder *Ich bin das, was wahrnimmt.* oder *Das, was gesehen wird, ist das, was schaut.* oder *Die Welt bin ich nur in meiner Erscheinung.* oder *In meiner Essenz bin ich unverursachte Liebe.* sind dann noch nötig! Obgleich all das wahr ist, ist es nicht mehr von Bedeutung! Du brauchst keine (Be)Deutung mehr. Es zu lesen mag dir Freude bereiten! Doch es besteht nicht das geringste Bedürfnis danach, es über den Tag hinweg zu erinnern! Das Mental ist mit den praktischen Dingen des Alltags beschäftigt: Holz hacken, Wasser holen!

Wenn ich Menschen begegne, die mit mir ständig über spirituelle Wahrheit reden wollen, schaltet sich mein Gehirn automatisch ab. Es interessiert mich ebenso wenig wie das ignorante Geschwätz irgendwelcher Leute. Anders ist es, wenn ich spirituellen Hunger wahrnehme. Hunger nach Leerheit. Nicht nach Erkenntnis. Dann bin ich sofort im Geschirr.

Leere, die sich sozusagen selbst fand, wirkt in der Phänomenalität wie ein stahlbetonhartes Nicht-Ding, verleiht jedoch nicht allein innere Stabilität; es „funktioniert" u.a. auch wie ein Müllschlucker. Ich wohnte in den späten 70ern einmal in einem Hochhaus, das im Hausflur einen Müllschlucker hatte. Klappe auf und rein mit dem Abfall. Das war äußerst komfortabel.

Im alltäglichen Leben wird schließlich jede Menge Müll produziert. In der Begegnung mit ignoranten Menschen zum Beispiel. Aber auch in deinem eigenen Mind. Irrelevante Gedanken denken sich, ohne dass du sie initiierst. Medienberichte, die du liest oder im Fernsehen siehst, finden Eingang in deinen Geist. Manch einer hat das TV-Gerät abgeschafft und liest keine Tageszeitungen mehr, weil er sich anschließend beschmutzt fühlt. Das ist verständlich, jedoch gar nicht nötig, denn der mentale Müll wandert in den inneren Müllschlucker - wenn er denn funktioniert! Es spielt dann keine Rolle mehr, wie viel Müll produziert wird. Selbst Giftmüll lässt er auf Nimmerwiedersehen verschwinden. Das stahlbetonharte Nicht-Ding ist wie ein „schwarzes Loch", in dem die Dinge unwiderruflich und für immer verschwinden.

Und als allererstes verschwinde(t) „ich" in dem schwarzen Loch. Ich als das, was ich zu sein meine, bevor es mich hineinzieht. (Bedenke bitte, dass es sich sowohl bei dem stahlbetonharten Nicht-Ding als auch bei dem Müllschlucker und auch dem schwarzen Loch um Metaphern handelt.) Anschließend ist es unmöglich, dich als Ich wahrzunehmen. Was wahrgenommen wird, sind lediglich Impulse und mentale Operationen, die gänzlich ohne „(m)ich" funktionieren. Was übrigens schon zuvor der Fall war. Nur wurde dies eben nicht wahrgenommen und durch die Ich-Phantasie in Teilen blockiert.

In meiner Wahrnehmung löst keine einzige Erinnerung eine emotionale Reaktion aus. Gleichgültig, ob es sich um schöne oder hässliche bzw. erhebende oder schmerzhafte Emotionen handelt, obgleich ich manche von ihnen sehr wohl noch zu erinnern vermag. Sie erscheinen jedoch kaum einmal ungerufen. Der Erinnerungsspeicher liefert in der Regel nur Informationen, die für die gegenwärtige Situation von Wichtigkeit sind. Dazu ist nicht einmal eine mentale Operation nötig. Es geschieht vollautomatisch.

Was immer sich mit meinem Bodymind lebt, selbst wenn es mir unverständlich erscheint, mein Image nicht fördert, sondern beschädigt – ich bin unfähig, dies anders als „gotttgegeben" zu betrachten. Auch das ist eine Funktion des stahlbetonharten Nicht-Dings. Vielleicht sogar das hervorstechendste. Denn sie bewahrt den Geist vor Selbstanklagen und Schuldgefühlen.

Ich bin mir sicher, dass eine Reihe meiner Leser wissen, worüber ich hier berichte. Denn die Leere oder das Nicht-Ding, das Subjekt aller Objekte funktioniert in uns allen identisch.

Freilich mag sich manch einer fragen: Wenn das Nicht-Ding jenseits aller Dinge ist, wie kann es dann mit Funktionen aufwarten? Die Frage ist durchaus berechtigt, die Antwort darauf jedoch nicht schwer: Schließlich sind alle Objekte nichts anderes als *Subjekt in seinem Erscheinen*. So wie unsichtbare Elektrizität in sichtbaren Lampen oder Maschinen. Bleibt das Subjekt sich selbst als Subjekt verborgen, sind seine Funktionen in den Objekten beschränkt. Vermag es sich aber als das Unauffindbare zu finden, wird es auch in den Funktionen aktiv, die ich eben zu beschreiben versuchte. Was jedoch nichts daran ändert, dass Subjekt selbst nie zum Objekt wird.

Wo bleibt die Liebe in der Metapher des „stahlbetonharten Nicht-Dings"? Ist das vielleicht deine Frage? Wäre durchaus verständlich. Doch sag mir, wird Liebe nicht gerade hierin offenbar? Braucht denn dein Organismus in einer Welt, die wahrhaft nicht immer nur freundlich, sondern auch feindlich erscheint, keinen Rundumschutz? Ist er nicht geradezu darauf angewiesen, dass all der Müll geschluckt wird, der tagtäglich erscheint? Ist das schwarze Loch, in dem all das verschwindet, was dich in deinen natürlichen Funktionen behindert und hemmt, nicht pure, vor allem aber unverursachte Liebe?

Oder wurde dir von dem *stahlbetonharten Nicht-Ding* jemals ein Vorwurf gemacht? Nie wurdest du für einen Gedanken oder eine deiner Handlungen angeklagt! Nicht einmal um Vergebung bitten musstest du! Vielmehr ist es so, als hättest du niemals etwas gedacht und getan! Und genau das ist ja auch der Fall!

| Ohne Wahrheit ist Liebe nur ein Wort ohne Inhalt. |
| --- |

Eben erst wieder erlebt: eine Hausbesitzerin, die in ihrer Gutmütigkeit einem ihrer Mieter „kurzfristig" Zahlungsaufschub gewährte. Das war vor einem Jahr! Und sie hat seitdem noch nicht einmal einen Rechtsanwalt eingeschaltet. Versuchte ihn vielmehr mit „Gesprächen" zur Nachzahlung zu bewegen. Und der hörte ihr aufmerksam zu... und lacht sich ins Fäustchen.

Gutmütigkeit hat nichts, aber auch gar nichts mit Liebe zu tun! Gutmütigkeit ist nichts als nur Schwäche, die sich, um nicht als solche erkannt zu werden, ein soziales Mäntelchen überzieht. Das stahlbetonharte Nicht-Ding lässt nicht zu, dass du ausgenutzt wirst. Es liebt (sich) viel zu sehr, um das zuzulassen.

# Nur weil wir nicht sind, können wir sein!

*Was wir sind, außer den Objekten voneinander, ist die Abwesenheit aller Objekte – und DADURCH treten alle Objekte in Erscheinung!*

*Das Offenbare Geheimnis, S. 169*

Nur weil wir nicht sind, können wir sein! Einfacher zwar, dafür aber nicht so differenziert formuliert, wie Terence es tat. Der leere Spiegel ist in diesem Kontext wieder mal 'ne ziemlich gute Metapher. Nur weil der Spiegel leer ist, kann dein Gesicht auf ihm erscheinen. Natürlich auch mehrere Gesichter.

Der Spiegel bleibt übrigens auch dann leer, wenn Gesichter in ihm oder auf ihm erscheinen. Zwar wirkt er voll, und daher vergisst du natürlich, dass er leer ist und bleibt. Die Gesichter sind einfach so faszinierend. Egal ob sie schön oder hässlich sind.

Dass dich die Gesichter der Leerheit „berauben", braucht dich nicht zu bekümmern. Warum? Nun, weil du in jedem Fall leer bleibst. Du als der Spiegel.

Und der Spiegel ist Einer. Egal wie viele Gesichter erscheinen. Oder besser noch: Nicht-Zwei. Nie und Nimmer. Auch wenn nur ein einziges Gesicht im Spiegel erscheint, sind da scheinbar zwei, nämlich der Spiegel und das, was sich in ihm spiegelt. Und wenn da noch einer ist, der den Spiegel und das, was auf ihm erscheint, „beobachtet", wären es sogar drei. Und wenn der, der die zwei beobachtet, glaubt, er sei erleuchtet, weil er ja nur beobachtet, was sich vor dem Spiegel und auf dem Spiegel abspielt, irrt er. Oder anders formuliert wäre das phänomenale Erleuchtung. Noumenale Erleuchtung oder Desillusionierung ist, wenn erkannt wird, dass das, was sich spiegelt, ob allein oder zu zweit oder zu dritt, ohne Spiegel nicht erscheinen würde.

Und wer das erkennt, spielt in so einem Fall nicht mehr die geringste Rolle.

Freilich kannst du sagen: Ich bin der Spiegel! Und nicht das, was sich (in ihm) spiegelt! Es wäre nicht falsch, aber brandgefährlich. Denn womöglich identifizierst du dich mit dem Subjekt, und das machte es zu einem Objekt. „Ich bin Gewahrsein!" Nein! Du bist gar nicht. Du bist nicht einmal Nichts.

*Ich habe nichts*, sagt der Schüler zum Meister, und der antwortet: *Dann wirf es weg!* Schlicht deshalb, weil ein Nichts, das du „hast" (immer noch) ein Objekt ist. Das Subjekt ist nichts, was man haben könnte, es ist sich ja nicht einmal seiner selbst „habhaft"!

*Das ist mir zu hoch!*

Oh nein, das ist nicht einmal tief. Es hat keinerlei Attribute! Es ist leer. Ich mein, wirklich vollständig leer. Das ist ja der Grund, weshalb Dinge auf dem „leeren Spiegel" erscheinen können. Ein Spiegel ist, was Objekte betrifft, vollständig „abwesend". Allein *DADURCH treten alle Objekte in Erscheinung!* Nur deshalb können sie „anwesend" sein.

„Alle" Objekte. Das bedeutet: Die Welt oder das, was wir als Welt bezeichnen.

Der Spiegel macht nichts - außer spiegeln. Das ist aber kein Tun. Es ist das Wesen eines Spiegels zu spiegeln. Wird das (von was oder wem auch immer) erkannt, ist die spirituelle Suche vorüber.

# Häutung ist immer mit Rückzug verbunden

*Geträumte Phänomene erfahren sowohl Alpträume als auch angenehme Träume.*

*Das Offenbare Geheimnis, S. 168*


Neulich erhielt ich eine E-Mail aus der Psychiatrischen. Eine sehr liebenswerte und junge Hardcore-Sucherin steckt durch das Buch von Suzanne Segal „Kollision mit der Unendlichkeit" offenbar in einer Art Depersonalisation fest. Sie schreibt: *Ich habe momentan das Gefühl, dass meine „spirituelle Suche" mein Leben kaputt gemacht hat. Ich hatte nach dem Event vermehrt wiederum schlimme Panikattacken und in diesem Kontext starke Depersonalisationserfahrungen, die ja wie ein „Beweis" für das nicht vorhandene „Tätersein" wirken können. Habe mich dann leider in dieses Depersonalisationserleben total reingesteigert und vor allem auch reingedacht und schlimme Ängste deswegen gehabt, gerade auch, weil ich ja ungefähr 500-mal das Buch von Suzanne Segal gelesen habe (weil ich es so spannend fand). Inzwischen hatte ich dann nur noch panische Angst, dasselbe wie sie erleben zu müssen. Ich habe absolut keine Lust dazu, den Rest meines Lebens als „unendliche Weite" (wie sie ihren Zustand am Ende beschrieben hat), zu leben. Ich möchte sehr gerne als Mensch hier leben und ganz simple menschliche Erfahrungen machen. Wir leben ja nun mal auch in (oder als) diese menschliche Form hier; und alle Erfahrungen, die wir auf sinnlicher und gefühlsmäßiger Ebene machen, finden nun mal durch und in diesem Körper statt.*

Die unendliche Weite - eine andere Bezeichnung ist Leere - ist nichts, was man „leben" kann. Leben erfahren kannst du immer nur und ausschließlich als Mensch. Ohne das Wahrnehmungsgerät Mensch ist Weite nicht einmal fähig, sich selbst zu erfahren. So rum wird ein Schuh

draus. Und als Mensch macht man nahezu immer „simple"
Erfahrungen.

Suzanne Segal war ein pathologischer Fall. Daher kann ich
niemandem guten Gewissens ihr Buch empfehlen. Insbesondere
keinem „ängstlichen" oder „angstbesetzten" Menschen. Es ist
keineswegs so, dass die Klarheit, dass es keine persönliche Täterschaft
gibt, von „Angst" begleitet sein muss oder gar in eine Erfahrung der
Depersonalisation führt. Zwar kann so etwas passieren, doch es könnte
auch jedem anderen Menschen passieren, nicht allein dem spirituellen
Hardcore-Sucher.

*Ich hatte so furchtbare Angst, den Kontakt und Bezug zu mir als
Körper und Person zu verlieren, und durch das permanente Nachdenken
darüber und das Vergleichen mit den Erfahrungen von Suzanne Segal
habe ich ihn auch immer mehr verloren...*

*Ich wusste überhaupt nicht mehr, wo, wie und ob ich überhaupt bin.
Und ich konnte an nichts anderes mehr denken als an irgendwelche
Horrorszenarien zum Thema „Ich-Auflösung". Das war unglaublich
gruselig und beängstigend. So sehr, dass ich am Montag freiwillig in die
Psychiatrie gegangen bin, weil ich gar nicht mehr zurechtkam.*

*Zusätzlich dazu kam und kommt mir immer noch alles, was ich tue,
absolut automatisch vor. Aber anstatt, dass das einen beruhigenden,
befreienden oder sonstwie guten Effekt auf mich hätte, ist es ABSOLUT
SCHEISSE! Die Überprüfung für meine Vergangenheit zu machen, hat
sich immer gut angefühlt, da ich dann wusste, dass nichts anders sein
kann, als es jetzt ist. Aber sich IN JEDEM MOMENT darüber bewusst zu
sein, dass ALLES automatisch passiert, ist überhaupt nicht cool. Ich fühle
mich sehr, sehr hilflos, ausgeliefert und todesdeprimiert. Und ich
komme mir vor wie ein Roboter. Meine positiven Gefühle sind gleich
null, alles andere ist Verzweiflung und Hoffnungslosigkeit.*

Was du brauchst, ist eine gute Portion Nüchternheit und Sachlichkeit.
Keine Klinik. Nervenärzte haben doch in der Regel überhaupt keine
Ahnung, welche Phasen ein spiritueller Sucher durchläuft. Deine

„Depersonalisierung" wurde offenbar ausgelöst durch das besagte Buch. Daher empfehle ich dir zunächst einmal, es zu entsorgen. Es ist übrigens keins, dass ich irgendeinem Sucher zu lesen empfehlen würde. Jeder spirituell Suchende hat eine andere Geschichte. Daher ist es nicht förderlich, sich über Gebühr mit den Erfahrungen anderer zu beschäftigen oder sie sogar zu adaptieren.

Deine Erlebniswelt ist extrem emotional. Daher erfährst du auch diese starken Emotionen. Dein KörperGeistSystem ist sozusagen auf Emotionalität fokussiert. Der natürliche Zustand jedoch ist sozusagen emotionslos. Ich jedenfalls weiß nicht mehr, was Freude und Traurigkeit ist. Das bedeutet mitnichten, dass ich nicht lachen oder nicht weinen könnte. Beides geschieht im entsprechenden Kontext. Erst kürzlich traten Tränen in meine Augen, als eine mir sehr nahestehende Person von ihrer dramatischen Kindheit und Jugend erzählte. In meiner Wahrnehmung jedoch sind diese Emotionen eben solche Erscheinungen wie ein Niesen, ein Jucken oder ein Kratzen im Hals. Sie werden erfahren, kein Zweifel; da ist aber keiner, der sie erfährt.

Das klingt für Menschen, in denen die Ich-Illusion noch intakt ist, ziemlich schräg. In meiner Wahrnehmung jedoch ist es das keineswegs. Und es wird auch in deiner nicht schräg oder gar deprimierend erfahren werden, wenn die Ich-Illusion sich gänzlich verabschiedet hat.

*Wenn „Ich-bin-nicht-der-Handelnde" zu einer permanenten Erfahrung wird, ist es sehr, sehr scheiße (für mich zumindest)! Und ich habe große Angst, dass es nie mehr anders sein wird, weil der „Automatismus" nun mal keine Unwahrheit ist. Ich kann die „Erkenntnis" nicht rückgängig machen, aber ich habe keine Ahnung, wie ich damit leben soll! Wie ich mich jemals wieder als frei und selbstbestimmt erfahren kann. Du hast ja öfter gesagt: „Ich kann alles tun, was ich will, weil ich es sowieso nicht tue." (oder so ähnlich). Das ist ein großartiger Ansatz, den ich aber momentan so überhaupt nicht fühlen kann. Jedes Wort, das ich spreche, kommt mir in dem Moment,* in dem ich es sage, völlig automatisch vor bzw. als käme es gar nicht von mir. Und das distanziert mich so sehr von jedem Erleben.

„Keiner tut etwas, alles geschieht." ist weder eine Erfahrung noch ein Gefühl! Es ist schlicht und ergreifend die Wahrheit! Ein unwiderlegbares Faktum! Und das gilt daher nicht nur für dich, sondern für alle Lebewesen. Also auch für die, die fest davon überzeugt sind, in eigener Regie zu handeln. Es gilt ebenso wie das Gesetz der Schwerkraft, das „alle" Lebewesen auf der Erde festhält. Und nicht nur jene, die über sie Bescheid wissen.

Diese „Distanz" zu dem, was in dir und mit dir geschieht, ist nur deshalb „Horror" in deiner Wahrnehmung, weil dein Gehirn noch nicht daran gewöhnt ist. Es wird sich aber daran gewöhnen; und ist dies passiert, ist die Wahrnehmung der Distanz zu all dem, was in dir und mit dir geschieht, das Beste, was dir passieren kann! Denn du wirst dich nicht mehr als darin verwickelt wahrnehmen.

Dass du deinen früheren Zustand wiederherstellen möchtest, ist ein Symptom der Ich-Illusion, die sich noch gegen die Wirklichkeit wehrt, dass sie in Wahrheit nicht existiert und nie existiert hat.

*Ab und zu kommt starke Wut oder starke Traurigkeit über dieses „Fremdbestimmtsein" hoch. Und das war's an Gefühlen. Soll das die tolle „Erleuchtung" sein? Sich wie ein Roboter zu erfahren bzw. nur noch der stille Beobachter von allem zu sein und an nichts mehr aus vollem Herzen teilhaben zu können? Oder alles als unpersönlich zu erfahren? Das kann's doch nicht sein... das fühlt sich alles so falsch an... Wer will denn so was?*

*Mich macht das alles sehr wütend! Ich könnte mich jetzt fragen, wer denn da wütend ist, aber ich habe keinen Bock mehr auf diese Fragen! Und ich möchte mich gerne wieder wie ein Mensch fühlen. Sehr persönlich. Mit allem, was so dazugehört... ich möchte so gerne wieder am Leben teilhaben... komplett...*

Diesbezüglich kann ich dir keine Hoffnung machen! In einem desillusionierten KörperGeistOrganismus wird selbst eine ausgelassene Party, an der man teilnimmt, nicht mehr so wahrgenommen wie zuvor. Das ist ausgeschlossen. Sehr wohl aber kann sich der KörperGeistOrganismus lebendig fühlen. Lebendiger sogar als jemals zuvor. Und zwar gerade deshalb, „weil" er nur noch funktioniert und nicht mehr den törichten Versuch unternimmt, etwas zu leben, was ihm nicht bestimmt ist. Partys, wo es hoch hergeht, werden in der Regel von Menschen gefeiert, die ihre scheinbar reale Existenz bestätigen wollen. Und weil ein Desillusionierter dieses Theater als ein solches durchschaut, kann er sich nicht mehr so wohl und integriert fühlen, wie das zuvor der Fall war.

Vergiss den stillen Beobachter! Ihn gibt's ebenso wenig wie es ein persönliches Ich gibt! Das-was-wahrnimmt ist total unpersönlich. Das ist aber mitnichten „schrecklich", sondern im Gegenteil außerordentlich kostbar. Im Prozess der Ablösung kann es jedoch schrecklich erscheinen.

Was du gerade erlebst, könnte man mit der Häutung einer Schlange vergleichen. Weißt du, dass die Häutung aus Wachstumsgründen geschieht? Die Haut wächst nämlich nicht mit der Schlange, daher wird sie abgestoßen. „Sie fährt sozusagen aus der Haut", weil sie nicht mehr zu ihr passt. Die anstehende Häutung erkennt man an der Augentrübung des Tieres. Auch die Haut wird viel blasser und stumpfer, als sie es noch Tage zuvor war. Die Schlange verliert bereits einige Tage vor der Häutung ihren Glanz. Das Tier zieht sich dann zurück und zeigt ein anderes, oft auch defensives Verhalten. In seltenen Fällen kann es schon mal zu einem nervösen und aggressiven Defensivverhalten bei der Schlange kommen.

Ähnliche Symptome erlebst du gerade. Das geht zumindest aus deinen Zeilen hervor. Du kannst diesen Prozess nicht mehr umkehren. Schmink dir das ab! Doch der Prozess hat ein Ende. Und bis dahin hältst du am besten die Füße still und ergibst dich ihm wie jene Schlange, die sich in der Zeit der Häutung zurückzieht. Ob die Psychiatrische ein idealer Rückzugsort ist, wage ich jedoch zu bezweifeln. Und ich vermute, dass manche, wenn nicht sogar die meisten Nervenärzte dort besser als Insassen aufgehoben wären!

# Nachwort

*Wenn ein Phänomen zu leiden scheint, so ist dies eine emotionale Reaktion, die durch seine Identifizierung hervorgerufen wird; ein solches Leiden ist phänomenal, während Noumenalität unberührbar und davon unberührt bleibt.*

*Das Offenbare Geheimnis, S. 233*

Wenn ich die Welt betrachte - und zwar schon von frühester Jugend an – war und bin ich immer wieder versucht, sie als märchenhaft zu betrachten. Sowohl die Szenerie als auch die Figuren.

Mir ist bewusst, dass die Weisen das Erleben der Welt seit jeher als Traum bezeichnen. Und dem widerspreche ich nicht! Was wir als Welt bezeichnen, ist zweifelsfrei – ebenso wie im nächtlichen Traum - nur Erscheinung. Ohne Bewusstsein würde die Welt nicht existieren. Denn sie erscheint nur, wenn sie bewusst, wenn sie wahrgenommen wird. Schon insofern ist sie nichts als nur traumhaft.

Märchen sind zum größten Teil ziemlich heftig und sogar grausam. Und dennoch lassen sie uns merkwürdig unberührt. Außer dass wir über sie schmunzeln. Max und Moritz werden nach ihren sieben

Streichen in der Getreidemühle zermahlen und von Hühnern gefressen! Ist man deshalb traurig? Weint man ob ihres grausamen Endes? Nein, im Gegenteil, man freut sich, dass die beiden Lausbuben ihr Handwerk gelegt bekamen. Doch weshalb kann man über ein so wahrhaft perverses Ende lachen? Weil es sich ganz offensichtlich um ein parodistisch-satirisches Märchen handelt.

Und die Gedichtform, in der es von Wilhelm Busch geschrieben wurde, verstärkt diesen Eindruck:

*Ach, was muss man oft von bösen*
*Kindern hören oder lesen!*
*Wie zum Beispiel hier von diesen,*
*welche Max und Moritz hießen;*
*Die, anstatt durch weise Lehren*
*sich zum Guten zu bekehren,*
*oftmals noch darüber lachen*
*und sich heimlich lustig machen.*
*Ja, zur Übeltätigkeit,*
*ja, dazu ist man bereit!*
*Menschen necken, Tiere quälen,*
*Äpfel, Birnen, Zwetschgen stehlen.*
*Das ist freilich angenehmer*
*und dazu noch viel bequemer,*
*als in Kirche oder Schule*
*festzusitzen auf dem Stuhle.*

Obgleich auch die Streiche selbst wahrhaft „böse" sind und beim Lehrer Lämpel nach der Explosion seiner Pfeife sogar zu schweren Verbrennungen führen, ist der Leser amüsiert. Sowohl von den Konsequenzen der Streiche als auch vom wahrhaft schrecklichen Ende der Bösewichter. Denn der siebte Streich führt schließlich zu deren Tod. Bauer Mecke erwischt sie, als sie Löcher in seine Getreidesäcke schneiden und bringt sie zur Mühle, wo der Müller sie in der Mühle schrotet. Anschließend fressen die zwei Enten des Müllers alles auf.

Im Epilog freuen sich alle Opfer über das Ende der Übeltäter:

*Witwe Bolte, mild und weich,*

*sprach: „Sieh da, ich dacht es gleich!"*

*„Ja, ja, ja!", rief Meister Böck,*

*„Bosheit ist kein Lebenszweck!"*

*Drauf, so sprach Herr Lehrer Lämpel:*

*„Dies ist wieder ein Exempel!"*

*„Freilich!" meint der Zuckerbäcker,*

*„Warum ist der Mensch so lecker!"*

*Selbst der gute Onkel Fritze*

*sprach: „Das kommt von dumme Witze!"*

*Doch der brave Bauersmann*

*dachte: „Wat geiht meck dat an?!"*

*Kurz im ganzen Ort herum*

*ging ein freudiges Gebrumm:*

*„Gott sei Dank! Nun ist's vorbei*

*mit der Übeltäterei!!"*

Ich vermag das, was wir als Leben bezeichnen und das wir - insbesondere dann, wenn uns ein sogenannter Schicksalsschlag trifft - außerordentlich ernst nehmen - nur noch als eine Art Märchen zu betrachten. Dies gilt freilich ebenso auch für mich selbst als Figur. Es ist eine Erzählung in Bildern. Bewegten Bildern. Im 3D-Format. Im

Unterschied zu einem Kinofilm sind wir jedoch nicht allein Zuschauer, sondern erscheinen gleichzeitig auch als Akteure. Sind also scheinbar mittendrin im Geschehen und fühlen uns sogar als Hauptdarsteller! Selbst wenn anderen etwas Schlimmes passiert, erleben wir dies als etwas, das (auch) mit uns geschieht. Oder löst es nicht etwa Trauer, Zorn oder Angst <u>in dir</u> aus? Hat es nicht einen Bezug zu dir als Figur?

Egal wie viel Mitgefühl du mit anderen hast, es wird schließlich <u>in dir</u> erzeugt! Und somit bleibst du in der Wahrnehmung der Mittelpunkt jeglichen Geschehens. Sowohl als Phänomenon als auch als Noumenon, also sowohl als „gerührte" bzw. „berührte" Figur als auch als das, was du „ungerührt" bzw. „unberührt" wahrnimmst.

---

In dem Märchen, das wir ohne Desillusionierung für die Wirklichkeit halten, sind alle Figuren, auch die hässlichen, bösen, verruchten, abscheulichen, skrupellosen, rücksichtslosen, nichts als göttlicher Geist in seiner märchenhaften Verkleidung.

---

Schaust du perspektivisch so in die Welt, kannst du nicht an den Verkleidungen „hängen bleiben". In dem Märchen „Die sieben Raben" wurden die sieben Söhne eines verärgerten Vaters in diese schwarzen Vögel verwandelt. Am Ende wurden sie aber „erlöst" und durften alle „nach Hause" zurückkehren.

Das ist das Schicksal „aller" Figuren. Ob sie dazu verdonnert waren, böse oder gute Rollen zu spielen! So wie in jedem Märchen gibt's in jedem Fall ein Happy End! Der sogenannte Tod führt weder in den Himmel noch in die Hölle. Er ist lediglich das Ende der Rolle, die dir vorgeburtlich vorherbestimmt ist.

Daher bist du im Grunde genommen „IMMER ZUHAUSE". Als Noumenon jedoch. Als das, was wahrnimmt. Nicht als Figur. Als Figur bist du auf der Reise. Du durchmisst Zeit und Raum. Eingepfercht in ein KörperGeistSystem, das manchmal so eng wie ein Korsett wirkt. Und das Bedürfnisse hat. Solche, die dir schmecken, und solche, die dir nicht schmecken. Und du begegnest anderen Figuren. Beim Anblick einiger dieser Figuren schüttelt sich dein Kopf unwillkürlich. Darin soll der göttliche Geist walten? Never ever!

Dieser Anblick und Eindruck führte zur Erfindung des Gegenspielers Gottes: Lucifer, Satan, Teufel genannt. Und was das Märchen selbst anbelangt, sind die gegensätzlichen Kräfte durchaus relevant. Dass ein Krieg herrscht zwischen Gut und Böse oder - personifiziert - Gott und Satan, ist nicht zu verleugnen. Wobei Gut immer das ist, was wir „persönlich" gut finden, und Böse natürlich immer nur böse in unserer „persönlichen" Wahrnehmung.

Gottt aber bleibt von alldem unberührt. Gottt als Noumenon. Nicht als Phänomenon. Und da du Gottt bist, bleibst „du" als Gottt unberührt. Wie berührt du auch als Gottt im Fleisch sein magst!

Advaita - also Nicht-Zweiheit - bedeutet in der Praxis, dass das, was als zwei erscheint, in Wahrheit nicht-zwei ist. Ein Märchen wird schließlich von „einem" Autor geschrieben. Doch um es zu schreiben, braucht er Kontraste, braucht er verschiedene Figuren. Er braucht dunkle und helle, böse und gute, schädigende und geschädigte Figuren.

Daher ist es sinnlos, die Figuren nicht zu „bewerten", wie dies in der spirituellen Szene häufig gelehrt wird. Wenn du aber deren Gewänder durchblickst, wirst du sowohl in den hellen als auch in den dunklen deren Quelle zu sehen vermögen. Gottt selbst.

Und das bezeichne ich als *Erlösung bei Lebzeiten*.

Oder als noumenale Erleuchtung.

**Informationen**

zu weiterer Literatur,

Interviews und Talks auf Jetzt-TV oder YouTube,

dem Texte-Abonnement,

Events und Einzelsessions

von und mit Werner Ablass

findest du auf seiner Website:

www.wernerablass.de

Ein Feedback schreiben kannst du dem Autor gerne per Email:

info@wernerablass.de

Der Autor bittet seine Leser um Verständnis für seinen Wunsch,

Feedbacks ausschließlich per Email zu erhalten.

Weder per Brief noch per Anruf.

Sollten sich dem Leser Fragen stellen,

die im Buch nicht oder nur teilweise beantwortet werden

konnten,

empfiehlt sich eine Einzelsession mit ihm,

die nicht nur an seinem Wohnort,

sondern auch per Skype möglich ist.

Schreibe ihm eine E-Mail, um alle relevanten Infos zur

Einzelsession zu erhalten.

Zur konkreten Terminvereinbarung empfiehlt sich ein Anruf:

+49 7135 933777


Werner führt keine – auch keine kurzen – telefonischen

Beratungsgespräche mit Interessierten.

Weder gratis noch gegen Bezahlung.

Telefonanrufe dienen lediglich der Terminvereinbarung.


Allmylove, Werner Ablass